AF356191

Elle enseigne où il faut répandre.

RÉFLEXIONS PHILOSOPHIQUES SUR L'IMPÔT,

Où l'on discute les Principes des Econo-mistes, & où l'on indique un Plan de perception patriotique; accompagnées de notes.

Par JÉRÔME TIFAUT DE LA NOUE.

Disciplina imperandi est amare quod multis expedit : Quoniam Respublica nimium soliditatis accipit, si tributariorum facultas illæsa constiterit. *CASSIOD. Lib. IX. Epist. 9.*

A LONDRES,

Et se trouve à PARIS,

Chez { la Veuve BARROIS, & fils, Libraires, quai des Augustins.
FR. AMB. DIDOT l'aîné, Libraire & Imprimeur, rue Pavée, près du quai des Augustins.

M. DCC. LXXV.

AVANT-PROPOS.

CE temps n'eſt plus, (mais il peut revenir) où la machine de l'impôt étoit facile à mouvoir; où la confiance réciproque étant ſubſiſtante, le Gouvernement n'avoit qu'à indiquer ſes beſoins au Peuple pour trouver des Citoyens toujours prêts à le ſecourir. Les hommes paroiſſent n'avoir appris, en vivant en ſociété, que les moyens de ſe garder les uns des autres; & lorſqu'on ſe méfie, il n'y a qu'un pas à faire pour tromper : car afin de ſe garantir mieux des atteintes d'autrui, on s'enveloppe ſoi-même dans les ténebres du menſonge. Les Citoyens devenus *faux*, il falloit que l'impôt devînt un art ; art d'autant plus difficile , que la confiance & la sincérité étoient moindres.

Dans la fertile Asie, où le despotisme les a entiérement éteintes l'une & l'autre, le Peuple enfouit ses trésors, & les Souverains font contraints d'employer la violence pour procurer à leur fisc l'argent dont l'Etat a besoin : mais la violence ne parvient pas toujours à son but. Ces Despotes insensés, bourrelés au milieu de leur puissance monstrueuse, toujours chancelants fur leur trône, ne songent pas qu'ils n'ont que le Sujet à employer contre le Sujet ; que ceux auxquels ils donnent des armes, auront peut-être intérêt de les tourner contre eux. Là les droits étant

sans

fans ceffe outragés , les révolutions
font fréquentes : en un clein d'œil les
Etats changent de Maître. Le tyran
abattu , le Peuple eft fatisfait ; fes
yeux ne fe tournent point vers la lé-
giflation , plus vicieufe que le Prince ,
(qui fouvent ne fut que malheureux);
elle fubfifte : le mal dure encore.

Pour nous , nous vivons fous un
ciel moins pur ; mais nous avons du
moins la liberté d'y refpirer. Nous
avons des Maîtres , mais ils font Citoyens , ils chériffent la Patrie , &
doivent aimer à fe dire avec atten-
driffement : *Nous fommes Pères de
nos Peuples.* Nullement jaloux d'ap-
pefantir un fceptre de fer fur des ef-
claves inquiets , leur gloire eft d'être

b

chéris par des cœurs dignes d'eux.
Pourroient-ils craindre que leurs Sujets
fuffent libres , lorfqu'ils font affurés
d'en être aimés ! » La preuve d'un bon
» gouvernement, difoit Pittacus, Lé-
» giflateur de Mitilêne , ce n'eft pas
» que les Sujets craignent le Prince ,
» mais qu'ils craignent pour lui ».

Un Roi jufte fe plaît à être la matiere des difcours de fes Sujets ; il fait
bien qu'ils ne peuvent que le bénir ,
& , en s'entretenant de fa vertu ,
s'enflammer toujours davantage d'un
amour pur qui les lui attache à jamais.
Non content de rendre fon Peuple heureux fous fon regne , il afpire à enfei-
gner à ceux qui lui fuccéderont les
moyens d'éternifer la félicité : il les

enchaîne à la vertu par son exemple & par ses loix.

L'impôt devenu un art, on oublia son principe pour ne plus voir que son but : (cela arrive à tous les arts) il falloit que l'impôt produisît de l'argent, & les ressources diminuoient ; alors on donna, pour ainsi dire, l'estrapade à l'imagination, (car toujours un art est difficile, lorsqu'on marche à l'exécution sans se *ramenter* les principes qui font sa base), on échaffauda sur le sable : successivement les chimeres se sont évanouies ; mais les charges ont resté. Les idées *sophistiquées* de la plupart des Economistes, ressemblent fort aux brillantes propositions des adeptes : avec eux l'on voit toujours la pierre

philofophale jufqu'à l'inftant où l'opération s'acheve. *Eft-il donc impoffible
de fe fervir des mœurs pour obtenir
l'impôt; & même de l'impôt pour conferver les mœurs ?*

Par-tout où il fe trouve plufieurs
hommes , la fociété exifte tout naturellement. Il n'eft point de fociété fans
un Souverain & des Sujets. Alors il fe
préfente deux intérêts : il eft des droits
refpectifs que l'effence même de la fociété limite : il faut les pefer avec foin.
Au-delà , de quelque côté que foit
l'excès, il n'eft plus *d'ordre :* où il n'y
a plus *d'ordre* il n'y a plus de folidité
dans la fociété , parcequ'il n'y a plus
d'amour de la Patrie ni de mœurs.

Quoiqu'en aient dit des penſeurs chagrins, en donnant au Public leurs déſeſpérantes opinions, l'homme, par ſa nature, aime l'ordre; ſon ame ſe complaît au bien. C'eſt parceque le penchant naturel de l'homme le pouſſe irréſiſtiblement vers l'ordre, que la ſociété eſt eſſentielle à l'homme: c'eſt parceque la ſociété eſt eſſentielle à l'homme, qu'il veut le bonheur de ſon ſemblable quand il n'écoute que la voix de ſon cœur. Sans doute l'homme priſe ſa liberté naturelle; mais il eſt infiniment plus jaloux de ſa liberté ci-vile: c'eſt qu'il ſouffre volontiers qu'on l'enchaîne pour le mal; mais il veut être libre pour le bien.

L'homme chérit les bonnes mœurs,

mais il fe livre auffi aux vices que l'ufage fupporte. Il fouhaite dans fon cœur que les mœurs aient toute leur énergie ; mais fa foibleffe écoute avec complaifance les plaifirs féducteurs que l'opinion lui permet de careffer fans qu'il fe deshonore : l'homme idolâtre encore plus l'honneur que la vertu.

Il eft plus aifé fans doute de fuivre la bonne route, lorfqu'on y eft encore, que d'y retourner quand on l'a quittée ; mais ce dernier point n'eft pas impoffible ; l'homme peut devenir *meilleur*, puifqu'il peut devenir *pire*.

Pour établir une conftitution durable, le Légiflateur doit obferver foigneufement les penchants naturels du cœur humain. Lorfque le penchant nous porte à fuivre la loi, la loi eft affurément obéie. Et les penchants vainqueurs font infiniment plus géné- raux que beaucoup de gens ne l'ont cru.

Il eft fans doute une confcience mo- rale & une confcience politique; celle- ci exige qu'on dénonce; l'autre frémit de dénoncer (1). Mais la juftice morale & la juftice politique font à-peu-près la même, ou plutôt la juftice politique ajoute feulement les détails au code que la juftice morale a dicté. A force

_____

(1) Dans la crainte d'endurcir le cœur de l'homme, il ne faut pas trop le familiarifer avec cette confcience politique, malheureu- fement néceffaire.

de distinguer l'équité morale de l'équité politique, l'on prend pour juste ce qui ne l'est pas. C'est donc presque uniquement de l'équité morale que doivent partir toutes nos actions & toutes nos loix : cette équité est dans le cœur de tous les hommes ; un peu d'encouragement de la part du Législateur, & il est aisé de se conduire.

C'est une erreur dangereuse & cruelle que de penser que lorsqu'on a trouvé une base solide à l'impôt, on peut sans inconvénient l'accroître, sous prétexte que les besoins du Peuple redoublent son activité, & que par là il devient en même temps plus laborieux, & parvient à supporter l'augmentation de la taxe. L'antiquité fournit un grand exemple qui prouve bien la fauſſeté de cette opinion. Ariſtide mit une impoſition ſur toute la Grece pour ſoutenir la guerre contre les Perſes. Elle fut répartie avec tant de douceur & de juſtice, que les contribuables nommerent cette taxe *l'heureux ſort de la Grece :* (c'eſt vraiſemblablement la ſeule qui ait eu ce beau nom) elle montoit à 450 talents. Augmentée par Péricles, & après lui, elle devint ſi onéreuſe, que le Peuple fut épuiſé, & tomba enfin ſous le joug de Philippe. Il eſt donc une borne qu'on ne peut dépaſſer impunément.

LES réflexions dont nous donnons ici l'analyſe d'une maniere peut-être peu lucide , nous ont fait croire qu'il faut abſolument réunir la morale avec la politique ; que pour remplir un ſeul objet , il faut s'occuper de pluſieurs ; que pour trouver l'impôt , il falloit ſonger aux mœurs des Citoyens. Les mœurs tiennent à la légiſlation ; l'impôt tient à la légiſlation & aux mœurs. En changeant l'impôt il faut changer la loi , parceque la loi doit concourir à faire payer l'impôt ; parceque la loi peut rétablir les mœurs. Quand le Citoyen s'égare , il faut revoir la loi pour fortifier ce qui foiblit.

L'épigraphe qui décore le titre de notre livre , offre un principe inconteſtable : mais l'expédient pour remplir la meſure que preſcrit ce principe , reſtoit encore à trouver lorſque nous avons écrit; vraiſemblablement il faudra le chercher encore après nous avoir lus. Au reſte il paroît par la façon dont s'exprime Caſſiodore , qu'il regardoit *la légiſlation* & *les ſubſides* comme ne faiſant qu'*un :* & le ſentiment de Caſſiodore n'eſt pas d'un poids léger. Il a vu de plus près que nous les maux qui peuvent frapper un Etat ; par conſéquent il étoit mieux que nous dans le cas de juger des moyens propres à le garantir (1).

---

(1) Cet homme illuſtre & vertueux naquit en calabre dans l'année 470. Odoacre, Roi des Hérules , l'éleva aux premiers emplois. En 514 il exerça ſeul le conſulat ſous

La conſtitution exiſtante a toujours un grand avantage ſur toute autre, quelque bonne qu'elle ſoit, *c'eſt qu'elle exiſte.* L'habitude familiariſe l'homme à tout, même à ce qui eſt le plus pénible : un objet extraordinaire l'inquiette, & quelquefois le révolte. Mais enfin à de grands maux, il faut de grands remedes. Il faut donc ſe faire aux nouveautés qui étonnent :

Théodoric, Roi des Goths. Son crédit ne fut pas moindre ſous Athalaric & Virigès. A l'âge de 70 ans il ſe retira dans le monaſtere de Vivier, qu'il avoit fait bâtir à l'extrémité de la Calabre. Il le gouverna plus de vingt ans, & alors compoſa pluſieurs ouvrages, dont par malheur une partie n'eſt point venue juſqu'à nous.

avant de condamner il faut calculer.

Si l'on ne vouloit que de l'argent, fans doute on parviendroit à en avoir. En preſſurant à tour de rôle cent ou deux cents mille Citoyens, le reſte de la Nation même ceux qui, preſſurés déjà, ont oublié leurs douleurs crie-roient ſi fort que *l'adminiſtration eſt excellente*, que les cris de ceux qui font actuellement *à la preſſe*, en fe-roient étouffés. Ainſi l'on iroit ſucceſſi-vement ſans obſtacle des uns aux autres, ſauf à recommencer. Une machine con-duite de la ſorte doit à la longue ſe dé-traquer. Pour faire le bien général, il faut *tailler dans le vif*, & alors preſque tous ſe plaignent à la fois.

On s'habitue ſi facilement à regarder

les *profits manqués* comme *une perte*, que ceux qui gagnent moins crient souvent plus fort que ceux qui perdent réellement. Un marchand me difoit un jour qu'une Ordonnance du Prince lui occafionnoit une perte de 70 mille livres. Je compris enfin dans le fil de fes lamentations, que cette perte, dont il fe plaignoit amerement, confiftoit en ce qu'il n'avoit gagné que 30 mille livres dans une fpéculation qui devoit lui en produire cent mille.

Beaucoup de gens pourront obferver que ce que je propofe *nuira à leur fortune*. Avant qu'ils me condamnent fur cette affertion, je les prie d'examiner avec foin *fi leur fortune ne nuit à perſonne*. Je ſais bien que pluſieurs paieroient plus qu'à préſent; mais ſi les riches ne paient pas davantage, comment ſoulager les pauvres?

Peut-être dira-t-on que ſouvent nous ſommes ſortis de l'objet de notre ouvrage: à la vérité nous avons parlé de beaucoup de choſes; mais quant à être ſortis de l'objet de notre ouvrage, nous ne le croyons pas. Quelques-uns trouveront que nous ſommes entrés dans des détails trop minutieux; ceux-là ſont plus heureux que nous, ils peuvent fermer mon livre, ce n'eſt pas pour eux qu'il eſt écrit.

Si l'on remarque des idées fauſſes, cela ne nous ſurprendra point, parceque l'étendue de nos lumieres eſt étroite;

mais du moins lorſqu’on nous les fera obſerver , nous en conviendrons de bonne foi. Une erreur involontaire ne doit pas être imputée à crime. Nous ſavons qu’en compoſant un ouvrage l’on s’habitue inſenſiblement à ſes idées; l’on ſe perſuade ſes opinions ; l’on s’endort dans ſes erreurs : ainſi nous ne rougirons point de reconnoître nos fautes ; & l’on ne ſera point ſurpris ſi dans quelques mois, après avoir revu notre travail d’un œil moins complaiſant, nous les faiſons nous-mêmes remarquer au public.

Enfin nous prévenons que nous avons cherché le bien dans notre cœur, & non pas *ſur les échaffaudages des doctes.* C’eſt notre cœur ſeul qui nous a dicté ce qu’on va lire.

RÉFLEXIONS

RÉFLEXIONS
PHILOSOPHIQUES
SUR L'IMPÔT.

Ce n'eſt point aſſez pour le Citoyen d'avoir le droit de poſſéder ; il faut encore qu'on le maintienne dans la liberté de jouir.

Le premier objet veut, de la part de l'Etat, le reſpect pour la propriété : le ſecond demande pour le Poſſeſſeur, le droit d'uſer de ſon fonds comme il lui plaît ; de retourner, d'enſemencer ſa terre à ſa maniere ; de vendre où il veut, & comme il veut : & ſi le mal-

A

heur des temps empêche qu'on lui permette de vendre à l'Etranger, il se peut que ce soit *tant-pis* ; mais ce *tant-pis* là n'est pas infiniment nuisible.

Cette protection que l'Etat doit à la partie des Sujets qui sont Agriculteurs, il la doit encore à ceux dont le génie est l'unique capital ; qui n'ont que ce moyen pour assurer leur subsistance par les droits qu'ils prélevent sur les fantaisies des Possesseurs des terres & sur celles des Capitalistes.

Ces derniers forment un troisieme ordre dont la fortune est bien différente de celle des deux autres. Communément ils sont les plus riches, mais leurs capitaux sont, par leur nature, difficiles à estimer ; tandis que ceux des autres peuvent être appréciés par la toise, par le poids, la quantité ou la qualité.

Les immeubles des Cultivateurs font visibles à tous les yeux. Ceux dont l'induſtrie fait tout le revenu, ont des magaſins ou des atteliers qu'on peut viſiter. Le Capitaliſte feul cache ou développe à fon gré le porte-feuille qui fait fon tréfor : il élude l'impôt, ou le paie s'il veut fort au-deſſous de ce qu'il pourroit donner.

La difficulté de l'impoſer, l'incertitude où l'on eſt fur fa fortune, l'ont dans tous les temps fait retirer davantage & payer moins au fifc, que ceux dont le patrimoine viſible fembloit fe préſenter lui-même à l'impôt. On n'a vu de fortunes réelles que dans les terres, & l'on a impofé la terre : parcequ'enfin, fi l'Etat doit aux Sujets la poſſeſſion & la jouiſſance ; ceux-ci lui doivent en retour un tribut de reconnoiſſance & des fubfides, afin que le Gou-

vernement puisse fournir aux dépenses nécessaires pour les maintenir dans
leurs propriétés, & dans cette quié-
tude utile à la félicité de quelques-uns,
& aux travaux du grand nombre : en
un mot, il faut imposer ; & la terre est
le premier objet qui se présente.

———————

Beaucoup de gens, même des
Economistes célébres, ont cru & pensent encore qu'il faut tout réduire à un
impôt unique, & que cette sorte d'impôt doit porter sur les terres.

Le plan d'Imposition économique de
M. Richard des Glannieres, est à-peu-
près écrit selon ce principe que nous
discutons dans notre Ouvrage. Nous
ferons remarquer avec briéveté la difficulté, nous dirons même d'avance
l'impossibilité, de la perception établie

dans le nouveau plan (*a*) : enfuite nous offrirons au Public, avec le doute qui convient à un cœur patriotique, une forme d'adminiftration peut-être meilleure ; mais toujours nous parlerons, avec l'affurance d'une ame fenfible, des droits facrés de l'humanité, qu'on ne peut bleffer fans intervertir l'ordre politique même. Notre cœur croit qu'une perception établie fur le fentiment, doit être la forme la plus durable, & la feule convenable aux individus. Ainfi du moins le penfoit & l'expofoit naivement Philippe de Comines, dans le Difcours qui fait la

---

(*a*) Nous n'examinons le nouveau Plan d'impofition économique, que parcequ'il a pour bafe les principes généraux que nous combattons dans notre Ouvrage, & qu'il faut un objet fur lequel on puiffe fixer fes idées.

A iij

matiere du dix-huitieme Chapitre du cinquieme Livre de fes Mémoires (a).

SECTION PREMIERE.

LE Plan d'impofition économique annonce qu'il décharge d'impôt toutes les denrées, tous les objets d'utilité, d'agrément & de luxe : voyons comment il tient fa parole.

Quatre fols pour livre fur le revenu des terres, deux fols pour livre fur la rente des contrats à conftitutions, & un droit d'affranchiffement qui n'eft proprement qu'une Capitation, tiennent lieu des Fermes Générales, de la Taille, de la Capitation actuelle, &c.

A la premiere vue, nous avons pen-

_____

(a) Page 357 & fuivantes, Edition de Bruxelles, 1723.

fé que lever quatre fols pour livre fur le produit des terres, c'étoit réellement impofer les denrées : un examen plus réfléchi nous a conduit plus loin encore, nous avons cru voir ces mêmes denrées toujours plus chargées à mefure qu'elles font plus néceffaires. Notre cœur a frémi fur l'humanité en larmes, & nous n'avons pu nous refufer à lui donner le fpectacle des fentiments qu'elle a produits (1).

Je ne demanderai point à l'Auteur du Plan économique, la folution de mille problêmes, peut-être difficiles à réfoudre, fur fes claffes de Citoyens, fur le nombre auquel il a fixé chacune : fi les femmes, fi les enfants paieront? Toutes ces difficultés ne font rien au fond de la queftion. S'il s'eft trompé, de légers changements dans fon tableau, conduiroient aux mêmes réfultats : en tranfportant dans les claffes fubféquentes quelques-uns des individus qui compofent les claffes qui précedent, il feroit facile de fe procurer le même total. Mais je m'arrêterai à un vice bien plus grand ; j'obferverai l'effrayante difproportion qu'il y auroit entre la taxe de quelques-uns & celle de quelques-autres, & les inconvénients politiques qui pourroient réfulter de ces claffes infiniment trop généralifées.

Je vois bien dans le tableau d'affranchiffement, un revenu confidérable pour l'Etat ; mais je n'y vois ni encouragement pour les membres actifs, ni confolation pour les malheureux, ni diminution des dépenfes forcées de chaque individu.

Etre riche pour un Etat, c'eft avoir des Sujets fains & robuftes, qui aiment avec enthousiasme leur Patrie : être riche, c'est qu'une très petite portion de numéraire suffise à remplir les premiers besoins des individus.

EXAMEN

DU TABLEAU D'AFFRANCHISSEMENT.

PREMIERE CLASSE (*a*).

» Journaliers & Domestiques sans biens.

» Religieux, Religieuses, Journaliers &
» autres.

Deux Divisions.

» Journaliers & Domestiques sans biens,   3 l.

» Religieux & Cultivateurs de quelque peu
» d'héritages à eux,   6 l.

Les Journaliers & les Domestiques sans biens ne peuvent être assimilés. Quoique égaux de fortune, leur situation respective les change singuliérement aux yeux du Gouvernement.

―――――――――――――――――――――――

(*a*) Voyez le Plan d'imposition de M. Richard des Glannieres, page 7, édit. *in-4.*

Les Journaliers font néceffaires à l'Etat : les Domeftiques font à peine utiles aux individus. La fubfiftance d'un Journalier n'eft point affurée : un Domeftique a abondamment fon nécef-faire. La fueur du Journalier nourrit fa famille, celui qui l'emploie & l'Etat : le Domeftique, communément céli-bataire & fainéant, outrage les mœurs, fait rougir l'humanité par fon abjection, & ne nourrit perfonne : en un mot, il eft nuifible à l'Etat par-là même qu'il ne lui eft point utile ; car dans un fyf-tême bien conftitué, tout être qui ne travaille pas pour le bien général, nuit; tout être qui ne donne pas la vie, tue. Enfin le Domeftique fait payer la taxe par fon Maître : le Journalier paie, de l'argent deftiné à fa fubfiftance ; pour donner trois livres à fon Roi, il eft expofé aux horreurs de la faim une femaine entiere (2).

Qu'eſt-ce qu'un *Journalier - Culti-*
vateur de quelque peu d'héritage à lui ?
Pourquoi lui fait-on payer le double de
la Capitation du Journalier ſans poſſeſſion? Quelle ſi grande différence y
a-t-il entre celui qui ne poſſede rien ,
& celui qui ne poſſede pas aſſez pour
vivre? Un malheureux héritera d'un
champ qui, lui occupant une partie de
ſes journées, peut lui rendre chaque
année 30 livres, à ſuppoſer la faveur
des ſaiſons. Sa trop modique poſſeſſion
n'aſſurant pas ſa ſubſiſtance, il loue ſes
bras tout le temps qu'il ne les emploie
pas à retourner ſa terre , & perd le paiement de ſes journées, tout le temps qu'il
paſſe ſur ſon propre fonds. Son revenu
ſe trouve déja réduit à 24 livres par les
4 ſols pour livre propoſés dans le nouveau Plan ; il en paiera trois , parcequ'il
a un héritage , reſte à vingt-une; il a

moins retiré du louage de fes bras que celui qui ne poffede rien , & il faudra qu'il donne encore 3 livres parcequ'il a travaillé pour autrui! non : il ne paiera ni les 4 fols pour livre , ni le double de Capitation ; il livrera fon fonds avec indignation aux Prépofés du Souverain , & arrofera pour la derniere fois , des larmes du défefpoir, le fol d'une Patrie qu'il ne peut plus chérir (a).

Les Religieux ne font pas fi faciles à impofer que le penfe l'Auteur du Plan économique : j'aurois à en parler ailleurs ; je dirai fimplement ici, qu'à l'égard de ceux qui mendient, la taxe de fix livres me paroît d'autant plus forte,

---

(a) Cet homme paie plus de 3 livres aujourd'hui, dira-t-on ? cela fe peut : en ce cas il paie trop avec l'adminiftration actuelle ; avec celle que l'on fe propofe , peut-être il ne doit rien payer.

qu'elle retombe pour sa majeure partie sur les moins opulents de l'Etat, qui communément sont les plus charitables.

II. Classe.

» Les Vicaires de Paroisses, les Artisans &
» Ouvriers de toutes especes.

Trois Divisions.

» La premiere de . . .	9 liv.
» La deuxieme de . . .	12
» La troisieme de . . .	24

Cette Classe me paroît bien généralisée. Je ne vois pas quel rapport il y a entre un Artisan quelconque, & un Vicaire de Village à 200 livres d'honoraires.

III. Classe.

» Les Curés de Paroisses, Laboureurs, Fer-
» miers & Cultivateurs de leurs biens.

Quatre Divisions.

» Laboureurs à une charrue . . 18 liv.

» Laboureurs à deux charrues . . . 40 liv.
» Laboureurs à trois charrues. . . 100
» Cultivateurs de leurs biens. . . 120

Celle-ci m'étonne encore davantage. Les Curés qui de tout le Clergé font les plus utiles, se trouvent être les seuls imposés : j'en excepte les Evêques, que vraisemblablement l'Auteur comprend dans le nombre des gens du premier rang ; mais les Evêques seuls, car je ne croirai jamais que tous les Bénéficiers soient entendus sous cette dénomination. D'ailleurs il me paroît dur de retrancher 18 livres du revenu d'un Curé à la simple congrue, que l'Etat a cru devoir augmenter il y a quelques années, de 300 livres à 500, pour lui donner les moyens de vivre (a).

(a) Il y a telle Cure qui vaut bien un Evêché. Pourquoi se borner à faire payer 120 liv. à celui qui la possede ?

L'Article des charrues est d'une toute autre importance, je le reprendrai dans la suite (3).

IV. CLASSE.

» Marchands détailleurs de toutes especes de
» denrées.

Trois Divisions.

» Ceux des Villages   .   .   40 liv.
» Ceux des petites Villes . . .   100
» Ceux des grandes Villes . . .   160

Vraisemblablement *Marchands dé-tailleurs de toutes especes de denrées*, doit s'entendre *Marchands détailleurs de toute espece de consommation*. Ils sont imposés également selon leurs habitations dans les Villages, petites Villes & grandes Villes : en ce cas, à Paris, un Marchand de pots de terre paiera 160 livres, & un Marchand d'é-toffes brochées d'or paiera 160 livres : un riche Détailleur de grains paiera également avec une Fruitiere de la Halle ou une porteuse d'éventaire.

V. Classe.

» Marchands en gros, Fabricants & Négo-
» ciants.

Trois Divisions.

» La premiere de . . 100 liv.
» La deuxieme de . . 150
» La troisieme de . . 200

Sans doute l'Auteur ignore qu'à Lyon où sont les grandes Fabriques, il y a deux especes de gens, de fortunes bien différentes, compris sous la dénomination générale de Fabricants : les uns sont Maîtres-Fabricants, & proprement sont des Ouvriers : les autres Maîtres & Marchands-Fabricants. Ces derniers ont des magasins, font travailler les Maîtres, & n'ont comme eux que le droit d'avoir un nombre fixe de métiers qui leur appartiennent : ordinairement

rement

rement ils ne vendent point les pieces à aunes coupées, & ainſi ſont réellement Marchands en gros.

L'Auteur ignore auſſi les quêtes fréquentes que l'on fait à Lyon pour procurer la ſubſiſtance aux pauvres Maîtres, dont le nombre eſt infiniment plus conſidérable que celui des Maîtres-Marchands.

VI. CLASSE.

„ Fermiers intéreſſés dans les affaires, Notai-
„ res, Banquiers, Entrepreneurs, & autres.

Trois Diviſions.

„ La premiere de   .   .   120 liv.
„ La deuxieme de   .   .   230
„ La troiſieme de   .   .   320

Y a-t-il quelque proportion entre un Tabellion de Village & un Notaire de la Capitale, un Banquier quel qu'il ſoit? Dans le nombre des Entrepre-

B

neurs, il y en a beaucoup dont les entreprifes ne font pas bien fructueufes , en général ils ont de la peine en commençant. Plufieurs Artifans font Entrepreneurs ; *& autres* laiffe entendre bien du monde.

VII. Classe.

» Gens de robe dont la confommation eft
» confidérable.

Trois Divifions.

» La premiere de   .   .   100 liv.
» La deuxieme de   .   .   200
» La troifieme de   .   .   300

Il y a des Gens de robe dont la confommation eft fi peu confidérable,qu'ils auroient de la peine à fournir 100 livres au fifc chaque année, même en économifant beaucoup : mais peut-être l'Auteur les exempte, & veut qu'on impofe feulement ceux dont la confommation eft confidérable.

VIII. Classe.

» Pour les Gens du premier rang & les plus
» fortunés.

Trois Divisions.

» La premiere de   .   .   300 liv.
» La deuxieme de   .   .   400
» La troisieme de   .   .   500

Sans contredit il n'y a aucun de ceux
qui composent cette derniere classe qui
ne puissent payer l'impôt & fort au-
delà : ils gagnent assurément beaucoup
par le nouveau Plan, puisqu'il décharge
les objets de consommation, de fantaisie & de luxe, sur lesquels les riches paient aujourd'hui un tribut pro-
digieux (4).

———————

L'examen des classes d'affranchisse-
ment montre bien en effet qu'il ne seroit pas impossible de trouver, même à
bon marché, des gens pour percevoir

l'impôt : mais je crois en voir beaucoup auxquels il feroit inutile de le demander.

Il eſt tel chaume, dont les Prépoſés du Souverain ne doivent approcher que pour y porter les ſecours de ſa bonté, bien loin de l'entourer avec un appareil effrayant pour arracher, du malheureux qui l'habite, quelques journées de ſon exiſtence. Ah! qu'ils ne reviennent pas l'année d'enſuite le chercher. Le déſeſpoir a pour jamais roidi ſes frêles membres, qui pourroient encore contribuer à la ſolide richeſſe de l'Etat.

En déchargeant les objets de conſommation autres que les denrées, je ne vois ni le Payſan, ni l'Ouvrier ſoulagés. La famille du Laboureur indigent a payé au ſiecle paſſé le tribut de ſon luxe. Le cœur gros de joie, la rougeur ſur le front, la jeune & innocente fille se pare le jour de sa noce, du même habillement qui fût la vanité de son ayeule.

Le Tribut sur les consommations est à-peu-près libre : toujours on le paiera sans murmure & avec facilité (a). Souvent le luxe l'étendra au-delà de ses moyens ; mais le luxe ne doit s'en prendre qu'à lui, s'il dévore ses entrailles.

Quand il seroit vrai que les dépenses de l'Ouvrier consommateur se trouveroient diminuées, en pratiquant le nouveau Plan, l'Ouvrier n'y gagneroit rien encore : car le Riche qui fait travailler, fait dire à celui qu'il emploie, *si vous pouvez vivre avec quinze sols,*

____

(a) Une fois pour toutes, j'entends par le mot *consommation* seul, tous les objets de luxe, d'agrément, même de besoin ; tous ceux qui ne servent point à la nourriture : je distingue ces derniers par le mot *denrées*.

pourquoi vous en donnerois-je vingt?
dans la concurrence, l'Ouvrier pressé
par le besoin, acceptera le bas prix of-
fert à son travail, & ses confreres seront entraînés.

SECTION II.

JE ne citerai pas les différents systê-
mes que des Ecrivains fameux ont pu-
bliés en faveur de l'impôt sur les terres:
je me contenterai de transcrire un para-
graphe d'un livre qui a acquis une célébrité qu'il mérite à bien des égards:
on y lit ces paroles.

 „ Quelle est donc la forme d'impo-
„ sition la plus propre à concilier les
„ intérêts publics avec les droits des
„ Citoyens? c'est la taxe sur la terre.
„ Un impôt est une dépense qui se
„ renouvelle tous les ans pour celui

„ qui en eſt chargé. Un impôt ne peut
„ donc être aſſis que ſur un revenu an-
„ nuel : car il n'y a qu'un revenu an-
„ nuel qui puiſſe acquitter une dépenſe
„ annuelle : or , on ne trouvera jamais
„ de revenu annuel que celui des ter-
„ res; il n'y a qu'elles qui reſtituent cha-
„ que année les avances qui leur ſont
„ faites, & de plus un bénéfice dont il
„ ſoit poſſible de diſpoſer. On com-
„ mence depuis long-temps à ſoup-
„ çonner cette importante vérité : de
„ bons eſprits la porteront un jour
„ à la démonſtration; & le premier
„ Gouvernement qui en fera la baſe
„ de ſon adminiſtration , s'élévera
„ néceſſairement à un degré de proſ-
„ périté inconnue à toutes les Nations
„ & à tous les ſiecles (a) (5) ".

____

(a) J'ai tranſcrit ce paſſage moins dans l'in-

Je réponds qu’un impôt n’eſt pas néceſſairement une dépenſe annuelle, témoin les impôts ſur certains objets de
conſommation dont on ne fait pas l’a-
chât chaque année, ni à des termes exactement égaux : qu’il n’y a de revenu annuel & fixe, que celui des contrats à
conſtitution, ou celui des immeubles au
ſoleil, qui ſont affermés : encore le Poſſeſſeur des ces derniers eſt-il fréquemment obligé d’en ſacrifier une partie en
indemnités pour ſon Fermier; s’il eſt hu-

---

tention d’y répondre avec détail, que parcequ’on y voit les principes dont s’appuient les
Partiſans de l’impôt ſur les terres, & l’enthouſiaſme avec lequel ils préſentent leur
opinion. Comme je crois qu’il eſt plus important d’établir que de détruire, je n’emploierai
gueres, contre ce ſyſtême, d’autres preuves que
celles qui peuvent ſervir à conſolider mes
propres ſentiments.

main, il sacrifiera bien plus souvent, & bien davantage.

Reste donc les contrats à constitution : cette espece de propriété seroit sujette, sans doute, à un inconvénient terrible (c'est la perte totale du capital, ce qui n'arrive jamais à l'égard des terres) : mais ces sortes de capitaux sont communément hypothéqués sur des biens fonds ; ainsi en laissant subsister le Bureau conservateur des hypothéques, qui veille à ce que le Propriétaire ne charge point sa possession au-delà de sa valeur ; ceux auxquels ils appartiennent, jouiront du double avantage, de la sureté de leurs fonds & de l'exactitude de leur rente : ils ne possedent pas les terres, mais ils en jouissent plus surement que celui à qui elles sont.

C'est une vérité que le Gouvernement a sentie ; il a vû que les variations auxquelles eſt expoſé le revenu de l'Emprunteur, & la difficulté de faire de l'argent avec les fonds de terres, ne comportoient pas que le Prêteur pût exiger à ſa volonté le rembourſement de ſa finance. On a cru devoir laiſſer la liberté du côté du Cultivateur, pour que jamais on ne pût l'accabler.

SANS doute les Economiſtes n'ont pas obſervé la difficulté d'impoſer les terres. Le Cadaſtre eſt long & couteux ; chaque année il eſt une ſource de repréſentations ſi multipliées, qu'on ne peut décider ſur le fond d'une requête, que lorſque celui qui l'a préſentée a payé deux ou trois fois la taxe à laquelle le Cadaſtre l'avoit ſoumis : ſon fonds, dans l'intervalle, a pluſieurs fois changé de face : le ruiſſeau qui arro‑ ſoit ſa poſſeſſion porte la fertilité dans celle de fon voifin, il ne lui a laiffé d'autre trace de fon heureufe influence, qu'un ravin fablonneux & incultivable. Ailleurs, le même ruiffeau fervoit de limite à deux Poffeffeurs, il a reculé bien loin celle de l'un, aux dépens de l'autre ; les repréfentations recommencent (a).

———

LAISSERA-T-ON arbitrer les Prépofés du Roi ? quelle fomme de torts la Cour n'aura-t-elle pas à redreffer ? La cupidité leur aura fait accabler le pauvre qui ne les foudoie point, pour décharger le riche dont l'argent leur fit embraffer le parti.

____

(a) En faifant de toutes nos Provinces des *Pays d'Etats*, pareils à ceux qui fubfiftent aujourd'hui, l'on pareroit à une partie des inconvénients qui accompagnent la perception des taxes fixées par le Cadaftre : mais il en refteroit toujours beaucoup.

J'ose le dire, ces hommes qui vexent sous un nom sacré, doivent être regardés comme criminels de leze-Majesté : ils cachent au Prince les larmes du Peuple ; ils rendent le Souverain indifférent au Sujet ; peut-être ils le lui font haïr.... Ils ont défiguré aux yeux des Citoyens un Roi compatissant & tendre, un pere qu'ils eussent aimé s'ils l'avoient mieux connu : ils sont coupables envers le peuple pour les pleurs qu'ils lui font répandre ; envers le Souverain pour les cœurs dont ils l'ont arraché.

LEVERA-T-ON pour le Souverain la dîme des récoltes ? cette perception me semble être embarrassante : il faut qu'elle le soit, puisque les Décimateurs afferment presque tous.

Pour que cette dîme soit assise également, il faut l'étendre fur toutes les productions, grains, légumes, agneaux, &c. fans quoi les Particuliers pourroient éviter de la payer, en ne s'occupant que des objets qui ne feroient *pas décimés*. Il faudra donc que les Prépofés du Prince foient toujours en courfe pour favoir combien de légumes on a récolté, combien d'agneaux ont donné les brebis, combien d'œufs on a fait éclore; & malgré leurs foins, que de ventes on leur cacheroit!

D'ailleurs il faut prélever cette dîme en argent, car l'Etat ne fauroit que faire de cette quantité de denrée. A quel arbitrage ne feroient pas foumis les Cultivateurs! quelle fource d'erreur & d'injuftice! l'abondance de la récolte change d'année à autre le prix de l'eftimation : la qualité du fol, fon expofition plus ou moins favorable, contribue à la qualité de la denrée, & parconféquent à fa valeur : fi un brouillard malin paffe fur un champ communément bon, fon influence change encore le produit.

Si l'on eût levé la dîme en nature, le Cultivateur auroit donné fon grain, comme il l'avoit, médiocre ou mauvais : s'il la doit payer en argent, fur quel pied l'eftimera-t-on ? combien de temps, à chaque récolte, perdra le Laboureur pour conduire fur fes champs les Décimateurs du Souverain, débattre fes intérêts, vendre fa denrée afin de fatisfaire le Fifc au terme prefcrit ? quelle perte ne fera-t-il pas fur fes ventes dans un temps ou l'abondance du grain le tient à bas prix, & où il fe trouvera en concurence avec mille malheureux auffi preffés que lui ?

Dans ce cas, le Cultivateur paieroit

réellement l'Etat avant de favoir ce qui lui rentrera à lui-même ; puifque c'eft fur le pied de l'eftimation d'une récolte qui n'eft pas encore dans fes greniers qu'il faut qu'il paie, comme il a payé l'année précédente fur l'eftimation de la récolte qu'il a vendue depuis. Dans la taille fixée chaque année à une mê-me fomme, quoique beaucoup de gens aient prétendu que le Cultivateur paie d'avance, il paroît tout auffi bien prou-vé qu'il paie après fa vente, puifqu'il paie entre deux ventes.

Au refte, pour que cette impofition fût égale entre les individus, fi celui dont le fonds produit audelà de fon né-ceffaire paie le dixieme, celui auquel il ne fournit gueres que pour fes be-foins abfolus ne devroit pas feulement le trentieme (a) (6).

____

(a) Et celui auquel il ne rend pas fuffifam-ment pour vivre , que devroit-il ?

UNE autre façon de percevoir l'impôt sur les terres, c'est *les 4 sols pour livres de leur revenu*, à quoi les fixe le nouveau Plan d'impofition (*a*).

Ne perdons jamais de vue que 4 sols pour livre font le cinquieme de la rente du Propriétaire ; & rappellons nous toujours que les dénominations de trois vingtiemes, deux sols, quatre sols pour livre du dixieme, font entendre que nos Rois ont successivement établi ces impôts, dans l'intention de les retrancher à mesure que les temps deviendroient meilleurs.

» L'on établira, dit l'Auteur, les 4 » sols pour livres fur le montant des » baux à fermes & pour ceux qui n'en

______

(*a*) Voyez le nouveau Plan de M. Richard des Glannieres, pag. 7 & fuiv.

» ont

» ont point, on leur fera accuser quelle
» est leur rente, ou bien on les taxera
» d'office selon les baux à fermes de
» leurs voisins «.

Cet expédient n'est pas aussi équitable qu'on a voulu l'insinuer; car la fertilité de deux terres, ou qui plus est des différentes portions d'un même champ, dépend de mille circonstances qui la différencient: l'aspect du soleil, le voisinage des eaux, la qualité du terrein, occasionnent dans le produit une disparité considérable; elle est sensible sur-tout dans les Pays de vignobles.

Dans les cas de destruction de récolte par force majeure, le Propriétaire dédommage son Fermier: vraisemblablement les Receveurs des Tailles auront le même égard pour les Taillables qui auront essuyé un accident pareil, & dont le revenu eſt eſtimé par *les baux à fermes de leurs voiſins*. Ce point conſenti, on voit facilement en quoi il eſt de la juſtice du Souverain d'accorder la même grace au Proprié- taire qui indemniſe ſon Fermier : tout cela paroît dans la perception de ce droit, des inconvénients difficiles à vaincre.

L'on a bien ſenti que demander au particulier d'accuſer ſa fortune, c'étoit l'exciter à la fraude ; puiſqu'on cherche les moyens de redreſſer ſon dire par les baux à fermes de ſes voiſins : mais croit-on être plus aſſuré par les baux à fermes ? l'on ſe trompe : le Propriétaire s'arrangera avec ſon Fermier, paſſera un bail ſimulé, & partagera avec lui le droit qu'ils fouſtrairont ainſi au tréſor public.

Au surplus il faut des mœurs & demander au Peuple quelle est sa richesse, c'est lui dire *mens-moi*.

Enfin le Prince qui nous gouverne l'a dit lui-même; „ l'obligation impo-
„ sée à ceux qui veulent entreprendre
„ le commerce des grains, de faire inf-
„ crire sur les regiftres de la Police,
„ leurs noms, furnoms, qualités & de-
„ meure, le lieu de leurs magafins, &
„ les actes relatifs à leurs entreprifes,
„ flétrit & décourage ce commerce :
„ par la défiance qu'une telle précau-
„ tion fuppofe de la part du Gouver-
„ nement; par l'appui qu'elle donne
„ aux foupçons injuftes du Peuple ; fur-
„ tout parcequ'elle tend à mettre con-
„ tinuellement la matiere de ce com-
„ merce, & parconféquent la fortune
„ de ceux qui s'y livrent, fous la main
„ d'une autorité qui femble s'être ré-

» servé le droit de les ruiner & de les
» deshonorer arbitrairement (*a*) ".

Qu'ajouteroit à ce sublime principe de législation celui qui doit y être soumis !...

La Taxe sur les charrues est encore une imposition sur les denrées, il est facile de le démontrer : imposer le Laboureur suivant le nombre de ses charrues, c'est imposer le grain que les charrues doivent faire récolter (*b*).

Je ne proposerai pas mille questions peut-être difficiles à résoudre sur la somme à laquelle sont taxées les charrues selon le Plan économique ; sur la progression de cet impôt. Je ne demanderai point, si trois paient 100 livres,

(*a*) Arrêt du Conseil d'Etat du Roi, du 13 Septembre 1774, page 8.

(*b*) Voyez ci-devant, page 13, IIIᵉ Classe.

combien dix? Je n'obferverai pas que lorfqu'on attelle à une charrue plufieurs couples de bœufs ou de chevaux, il y a deux ou trois hommes employés au fervice de chacune : que le travail d'une charrue attelée de chevaux eft différent de celui d'une charrue tirée par des bœufs ; ni que dans certaines montagnes l'on voit des charrues traînées d'un côté par un âne, & de l'autre par la femme ou les enfants du Laboureur. Tout cela nous conduiroit loin de notre objet, nous attrifteroit fur le fort des malheureux, & ne prouveroit pas une chofe que l'on peut prouver fans ces fecours.

L'impôt fur les charrues me paroît mauvais & affis inégalement.

Mauvais ; puifque fi les charrues font impofées, le bled de toutes les denrées la plus néceffaire, fe trouvera la plus chargée ; car elle auroit à payer l'impôt ſur les charrues , en outre des 4 ſols pour livre de ſa valeur : donc proportionnellement elle ſeroit la plus chere.

Aſſis inégalement; par les raiſons que je vais déduire.

Pour ſi peu qu'il y ait de labour à faire dans une poſſeſſion , il faut au moins une charrue qui paiera 18 livres, quand même la quantité de terres à labourer ne ſeroit pas ſuffiſante pour l'occuper tout le temps ordinaire (a).

Le Laboureur qui , pour accélérer ſon travail ou l'améliorer, eut placé deux charrues ſur ſon héritage, s'en tiendra à la premiere , afin d'éviter les 22 livres impoſées de plus ſur la ſeconde, au riſque de voir arriver la ſai-

____

(a) Voyez ci-devant, page 13, IIIe Claſſe.

son des frimats avant qu'il ait fini ses
semailles : souvent elle le surprendra
malgré ses précautions. Si cependant
son travail ne peut se faire en forçant
son unique charrue, il changera en
partie les objets de sa culture. La quantité de grains diminuera, sur-tout dans
les Provinces divisées en petites possessions, & se maintiendra à un degré
de cherté qu'on doit craindre ; alors il
faudra pour toujours renoncer à l'exportation des grains qui pourroit être
avantageuse, lorsqu'une plus grande
aisance retiendra plus de gens à la campagne.

Dans certaines Provinces l'usage ou
la qualité du terrein, détermine les
Laboureurs à donner une premiere façon assez légere avec la charrue, en-
suite ils finissent leur travail à la bê-

che (*a*). Les terres ainsi retournées n'en rapportent pas une moindre quantité de grains ; mais à coup sûr il faut moins de charrues pour leur service, qu'il n'en faut à celles où l'on n'emploie que leur seul secours : si les récoltes des unes & des autres sont également bonnes, les premieres auront proportionnelle-ment moins payé que les secondes (7).

———

Pour finir ce que nous avons à dire sur le nouveau Plan économique, re-présentons nous deux individus qui ne sont pas difficiles à trouver, l'un jouis-sant de 10,000 livres de rente en terres, & l'autre faisant une banque considé-rable que nous supposerons lui rendre bon an, mal an, 30,000 livres. Tous les

———

(*a*) Il en est même où l'on ne se sert que de la bêche.

deux habitent la ville; tous les deux
font déchargés des droits fur les étoffes, &c. ils n'ont plus à payer qu'une
capitation renforcée, 4 fols pour livre
de leurs revenus dont les capitaux font
en terres, 2 fols pour livre de celui
qu'ils tirent des contrats, & l'impôt fur
les charrues qui n'eft point une capitation.

La Capitation de l'Homme
    à 10,000 livres de rente
    ne fauroit être moindre de
    200 livres, taxe de l'Hom-
    me de robe de fortune mé-
    diocre : on l'exige dans la
    ville où il a choifi fon habi-
    tation : ci .   .   .   200 l.
Pour les 4 fols pour livre, cin-
    quieme de fon revenu,
    2,000 livres : ci .   .   2,000
Il aura un Fermier qui lui fait
    payer fa taxe, attendu qu'il

a eu foin de déduire fur le prix de fon bail les impôts dont il favoit devoir être chargé. Le Fermier d'un homme de 10,000 livres de rente, doit bien payer 100 livres : ci . . . . 100 l.

Il faut au moins trois charrues pour exploiter fes terres ? 100

Pour quatre Domeſtiques, hommes ou femmes, bien entendu qu'ils n'auront pas de bien, à 3 livres par tête 12

TOTAL . . 2,412 l.

Je me fuis arrêté à 2,412 livres, quoi-qu'il me reſte encore quelques doutes.

Cet homme aura des Domeſtiques de campagne qui paieront fans doute ? c'eſt lui qui paie.

Il aura peut-être des enfants ; feront-ils impofés ? c'eſt encore lui qui paie.

Si par hafard fes terres étoient fituées de maniere qu'il fût obligé d'a-
voir plufieurs Fermiers, je ne fais pas
trop fi leurs taxes réunies ne monteroient pas au-deffus de 100 livres.

Il fera bien quelques charités à des
pauvres qui doivent une taxe ; ainfi
qu'aux Moines Mendiants qui me
femblent être fixés à 6 livres de capitation.

Plus ; fi outre fes fermes, il avoit dans
quelque Province une terre en gran-
geage où il allât paffer une partie de l'année ; ne pourroît-on pas encore exiger de lui 120 livres comme cultivateur de fon bien, en lui préfentant le
Tableau d'Affranchiffement ? tenons-
nous en à 2,412 livres, & paffons au
Banquier.

Celui-ci gagnant par fon commerce 30,000 liv. chaque an-

née, doit être impofé comme
Banquier des plus riches.

Le Tableau fixe fa taxe à 320
　　livres: ci . . . . 320 l.
Pour vingt Domeftiques (c'eft
　　beaucoup, vingt Domeftiques)
　　à 3 livres par tête . . 60
Il ne paiera donc que . 380 l.
Car fa poffeffion eft fort diffé-
　　rente de celle de l'homme à
　　10,000 livres de rente dont
　　nous venons de parler.

Il eft avantageux au Banquier dans
le fyftême actuel, il le lui fera dans
tous les fyftêmes, d'avoir peu de terres
ou d'autres immeubles taillables. En
proportion du fonds primordial, fon profit eft plus confidérable que celui de
l'Homme à 10,000 livres de rente; cependant il ne paie plus à l'Etat, par le
nouveau Plan, que 380 livres, & l'au-

tre paie 2,412 livres ; il n'y a pas de parité (8).

Ce que je dis du Banquier, doit s'entendre de tous les Capitalistes ; de tous les gens qui font valoir leur bien dans des entreprises ; qui, réglant leurs dépenses sur leurs profits, payoient par leurs consommations des droits dont, en suivant le nouveau Plan, ils sont déchargés. Je sens bien que le Propriétaire, en augmentant le prix de sa denrée, pourra trouver le moyen de faire rembourser par le Capitaliste une partie de son impôt ; mais ce n'est pas le compte de l'Etat qui veut que ses Sujets pauvres puissent vivre à bon marché, & qui lui-même, par l'achât de ses propres consommations, rembourseroit le Propriétaire : ni peut-être encore le compte du Propriétaire qui, haussant le prix de ses productions, hausseroit

celui de ses consommations personnelles (*a*).

Le Banquier aura encore à payer le
droit de marque d'or & d'argent, le
contrôle des actes, la capitation de ses
enfants, &c. mais il a tous ces objets
communs avec l'Homme à 10,000 livres de rente (9).

SECTION III.

Tout ce que nous venons de dire
nous avoit fait soupçonner que l'impôt
sur les terres ne pouvoit remplir les
vues d'un sage Gouvernement; de nouveaux raisonnements nous ont démontré qu'il est absolument mauvais.

(*a*) Mais il ne le feroit pas moins, parceque les regards s'arrêtent dabord sur les objets les plus voisins.

Quoique nos idées se trouvent opposées à celles de quantité d'Hommes célébres de toutes les Nations, nous ne craignons pas de les présenter au Public; parceque, fussent-elles fausses, toujours il nous resteroit la consolation de nous dire à nous mêmes, *notre intention fut de travailler pour son bonheur.*

***

Il est démontré que le revenu des terres n'est pas le revenu le plus exact, peut-être il n'en est pas de plus variable. A la vérité une fortune en fonds de terres est la fortune la plus solide, puisque récoltant lui même les denrées de premiere nécessité, *les seules nécessaires,* le Possesseur, quelque médiocre que soit sa récolte, préleve s'il veut ce qu'il lui faut pour sa nourriture avant de commencer à vendre ; il sera donc le dernier à manquer.

Mais le produit d’une terre, en argent, eſt ſujet à des variations cruelles : d’une année à l’autre, le Cultivateur voit changer ſon profit ; a-t-il moins retiré que ſa dépenſe, il faut encore qu’il renouvelle cette dépenſe la ſaiſon d’enſuite avec la même incertitude des retours ; il a beau perdre ſucceſſivement pendant pluſieurs années, il faut toujours qu’il renouvelle ſes frais pour conſerver l’eſpoir d’être rembourſé.

Le Commerce, tout riſqueux qu’il paroît être, n’auroit pas d’auſſi grands inconvénients, ſi la cupidité des Marchands ne les faiſoit aſpirer à des profits trop forts ; & ſi leur vanité ne les engageoit dans des dépenſes qu’ils établiſſent ſelon le produit d’un retour heureux, plutôt que ſur le gain raiſonnable d’une année commune.

Le Gouvernement a ſi bien ſenti

cette

cette différence , qu'il a cru devoir diminuer, & souvent décharger entiérement du tribut, le Cultivateur dont la
grêle ou d'autres accidents ont accablé
le fonds.

———————————

L'ON s'est trompé, lorsqu'on a dit
que l'impôt sur les terres est le seul qui
convienne aux pays agricoles ; peut-être
ne convient-il qu'aux pays seuls dont le
commerce fait la fortune ; à coup sûr
il ne conviendra jamais à un pays qui
n'a pour richesse que ses denrées & ses
manufactures : car si les terres sont imposées, la denrée augmentant de toute
la somme de l'impôt, la main d'œuvre
deviendra trop chere , pour pouvoir tirer un parti avantageux auprès de l'E-
tranger des ouvrages de Manufactures
Nationales ; & l'on ne pourra jamais
lui vendre les denrées du sol, qu'il sera

D

impoſſible de lui offrir à un prix raiſonnable.

Une Nation agricole & manufac-
turiere occupe trop de bras dans ſes
campagnes & ſes atteliers, pour pouvoir ſe livrer au commerce qui ne ſauroit être avantageux, s’il n’eſt conſidérable. Elle doit s’en tenir à exporter,
ou bien vendre chez elle-même à l’E-
tranger, ſes denrées ſuperflues & les
chefs-d’œuvres de ſon induſtrie; & à
importer en droiture pour ſon uſage,
les denrées qu’elle ne récolte point, les
matieres premieres qui lui manquent
& les ouvrages étrangers qui la ſédui-
ſent.

Ce dernier objet eſt avantageux aux
Particuliers qui s’y livrent; mais l’Etat
ne trouve dans une manœuvre qui toujours lui enlève une grande portion de
numéraire & qu’il ne peut empêcher

fans voir fes Sujets, pour contenter leurs fantaifies, acheter de la feconde main ; l'Etat, dis-je, n'y trouve d'autre avantage que de retenir chez les Commerçants de fon Domaine, un argent qu'il eût vû enlever par des Facteurs étrangers.

Les profits d'un tel commerce ne font point auffi avantageux pour l'Etat qu'ils femblent l'être. Chaque année le fifc eft obligé de fournir une grande quantité de numéraire pour les achâts, & ce numéraire ne lui revient pas. Les profits font pour l'individu, non pour le fifc qui ne peut faire le commerce lui-même ; & la *richeffe du Citoyen* ne peut être regardée comme *richeffe de l'Etat*, que lorfque l'amour de la Patrie le retient attaché avec enthoufiafme au fol qui l'a vû naître.

L'avantage du Commerçant eft que

tout fon numéraire foit employé au dehors ; l'avantage de l'Etat eft qu'il ne forte de chez lui que le moins de numéraire poffible.

Il n'y a de véritable fortune que dans les denrées comeftibles : l'or même, qui fait fi bien fe les procurer, ne fait pas la fortune d'un Etat qui l'acquiert : cet Etat n'a qu'un beau moment ; c'eft celui où il commence à le répandre chez fes voifins.

Toutes les Nations de l'Europe atteftent ce que j'avance ; après avoir formé dans le Nouveau Monde des Colonies commerçantes, elles ont vû qu'elles ruinoient la Métropole, & ont cru devoir y encourager l'agriculture, comme la feule fortune réelle.

Le fol refte, & l'on eft libre de difpofer des denrées qu'il a produites ; mais le commerce échappe, il fe promêne d'une Nation chez l'autre. La Hollande qui ne peut par malheur pour elle favoriser que le commerce, voit se ternir les brillants de la Couronne dont elle se paroit : déja la concurrence des Nations a porté une atteinte à sa fortune (10). L'Angleterre à qui le commerce enlevoit son numéraire, a été obligé d'employer divers moyens pour y remédier. Les billets de Banque & certaines monnoies Portugaises ont rempli le vuide des guinées. Les défenses de les exporter n'ayant point arrêté, elle s'est vu contrainte à la fin de gêner son commerce, pour l'empêcher de se ruiner tout à fait. Aujourd'hui l'on ne laisse plus courir que les guinées de poids : chaque Marchand est armé de sa balance & passe, à peser des monnoies, un temps qu'il pourroit employer à des spéculations. Par là l'Etranger devenu timide, n'échangera plus avec la même facilité fa marchandife contre des guinées ; & la difficulté de s'en procurer une quantité fuffifante, contraindra les Nationaux à acheter fous promeffes commerçables : ce fera fans doute moins avantageux pour le Particulier, mais moins ruineux pour l'Etat (11).

Les retours heureux des premieres expéditions de commerce produifirent des fommes confidérables, aux hommes hardis qui s'en étoient mêlés : alors les Souverains ambitieux regarderent ces profits des Particuliers, comme accroiffant leur richeffe propre ; ils encouragerent avec affection les Spéculateurs. L'or brilloit, l'Artifan voulut y avoir part ; il trouva pour fes ouvrages des débouchés avantageux, il en profita, & bientôt les vendit cher auffi, dans fa Patrie même, où le Com-

merçant ébloui par une rapide fortune, se forgeoit des besoins, oubliant
à la fois l'heureuse simplicité de ses
aïeux & les Saintes Mœurs. A cette
époque, les consommations double-
rent, les subsides ne suffisant plus aux
frais annuels de l'Etat, il fallut les
accroître : l'on taxa les denrées, l'on
taxa les consommations ; toutes les
taxes nouvelles étoient une nouvelle
charge pour le fisc, car l'Etat con-
somme. Enfin les impôts parvenus au
point de ne pouvoir plus être augmen-
tés, il falloit bien remplir le vuide du
trésor public par des emprunts.

Je suis loin de prétendre qu'il faut
accabler le commerce pour favoriser la
culture ; mais je crois que favoriser la
culture dans un pays agricole & qui
a des Manufactures, c'est favoriser le
seul commerce qui lui convient. Les

D iv

denrées peu cheres, la main d'œuvre se tiendra à bas prix; & par-là nous l'emporterons sur l'Etranger avec lequel nous nous trouverons en concurrence dans les marchés.

La main d'œuvre est chere en Angleterre, parcequ'il faut que le travail rende dequoi subsister : ainsi ses Manufactures tomberont, si ailleurs l'on parvient à donner à meilleur marché & à faire aussi bien. Sa seule ressource alors seroit de s'emparer des matieres premieres pour en maîtriser les prix; mais la France, bien cultivée, peut produire presque toutes les especes.

Au reste, quoique les Anglois ne soient pas nos Concitoyens, ils sont des hommes; il ne faut pas leur ôter la vie pour satisfaire notre ambition : la balance que les Gouvernements d'Europe cherchent à mettre entr'eux, néceffite cette fraternité, d'où doit naître le bonheur de l'humanité & la profpérité des Etats (12).

Si l'on impofoit uniquement les ter-res, l'on favoriferoit beaucoup moins le commerce qu'on ne l'imagine, & l'on feroit un tort réel à la culture. La denrée étant chere & rare dans les campagnes même, le Journalier feroit contraint de fe livrer à l'induftrie ; il fuiroit les champs & viendroit dans la ville chercher un profit fuffifant pour le nourrir (a). La fomme de la récolte diminueroit en proportion de la quan-

(a) Il faut obferver que lorfque le nombre des bras augmente dans les Manufactures, ce n'eft pas toujours une preuve que le commerce croît ; mais c'en eft une affurément que la culture diminue.

tité de bras qui abandonneroient la
culture; & peut-être feroit-on obligé
de rétablir les Douanes, pour procurer au fifc l'argent néceffaire. Alors les
Manufactures fe trouveroient plus chargées que jamais, & le Royaume feroit
en friche.

Cependant, en fuivant le fyftême des
4 fols pour livre du prix de la vente,
fuppofons que la cherté où feroit par-
venu cette moindre quantité de denrées, produifit encore à l'Etat la même
fomme qu'il retiroit les années précé-
dentes; & fi l'on veut un fupplément
pour acheter de l'Etranger, au rifque
des avaries ruineufes, ce qui lui man-
queroit pour nourrir fes Habitants :
toujours je vois le Manufacturier, ne
pouvant plus exporter fes ouvrages, trop
enchéris par l'augmentation du prix des

journées d'Ouvriers, fuite néceffaire de la rareté des denrées.

Alors fi l'Etranger nous portoit la denrée qu'il récolte, le prix qu'il y mettroit fixeroit celui de la nôtre; il ne feroit certainement plus poffible de l'accroître : où le fifc trouveroit-il la fomme qui lui eft néceffaire ? En taxant, fans doute , les confomma-tions déja trop chargées; que deviendroit le commerce (13) ?

———————

QUEL que foit l'objet impofé , toujours le Confommateur en paiera le droit : mais , dira-t-on , ce Confommateur a une propriété ou n'en a point ; s'il n'en a point, d'où a-t-il tiré l'argent qui fert à fes achâts? peut-être du Proprié-taire. C'eft donc la terre qui paie ? point du tout : le Propriétaire qui a donné fon argent à l'Ouvrier qui ne poffede rien, étoit Confommateur & non pas Propriétaire lorfqu'il l'a donné. Il eft clair que l'Ouvrier eft créateur de l'objet qu'il préfente à la fantaifie du Propriétaire ; & qu'il a grand foin de fe faire rembourfer par lui le droit du Roi : il eft auffi clair que le Propriétaire, en quelque forte créateur de la denrée qu'il cultive, a grand foin à fon tour de fe faire rembourfer la Taille par l'Ouvrier qui ne poffede rien & qui a befoin de denrées : c'eft, dans les deux cas, le Confommateur qui paie (a) ;

(a) Ainfi il y a parité, dira-t-on ; laiffons donc les chofes comme elles font. C'eft bien avifé : mais.... Cette parité n'exifte qu'à l'égard de l'Ouvrier riche & du Propriétaire riche ; elle n'eft pas (fi l'on me permet cette expreffion) pour celui *qui achete une partie de fa nourriture , avec l'argent deftiné à lui procurer l'autre partie :* c'eft de cet homme dont nous nous occuppons principalement.

mais ce qui eſt bien plus clair encore, c'eſt le calcul ſuivant.

Nous l'avons dit ; impoſez le Culti-vateur, impoſez le Manufacturier, im-poſez le Propriétaire, impoſez le fonds ; le Conſommateur ſera toujours celui qui paiera le droit : mais l'influence de ce droit ſur le Conſommateur, eſt bien différente, ſelon le moment où l'objet impoſé l'a payé.

Soit, pour les frais de culture, nourriture du Laboureur, in-térêt légitime de la ſomme qu'a coûté le champ, la va-leur d'une meſure quelcon-que de grain, 24 livres, ci, 24 l.
Le droit du Roi perçu dans la terre, payé déja par le Labou-reur, 6 livres, ci . . . 6
Entre ſes mains la meſure de

grain eſt montée ſans contredit à 30 livres, ci . . . 30 l.

A ſuppoſer que le Laboureur
n'ait pas augmenté ſa denrée
de l'intérêt des 6 livres qu'il a
payées au Roi, celui qui l'a-
chette pour en faire trafic avec
le Marchand de la Ville, en
donnera donc ſur la terre même 30 livres, ci . . 30 l.

Elle n'a point de droit nouveau
à payer ; elle arrive dans la
Ville où elle doit être con-
ſommée, mais elle a bien
changé de prix. L'avide Marchand ne fait pas grace de ſon
intérêt, il eſtime qu'il doit être
de 20 ſols par écus de 6 livres,
c'eſt 5 livres ſur 30, ci . . . 5

En conſéquence il la vendra 35
livres, ci . . . . 35 l.

Le Marchand de la Ville qui la lui aura achetée, portera son intérêt sur la totalité de cette somme que le Boulanger se fera rembourser à son tour, avec un profit raisonnable, par le Consommateur.

Si la même denrée a promené chez plusieurs Particuliers avant de parvenir au point de consommation, combien de fois le Consommateur n'aura-t-il pas à payer l'intérêt de ce droit du Roi, avec les intérêts des intérêts que chaque Particulier aura successivement exigés.

La denrée une fois parvenue dans la Ville n'y circule gueres, elle ne sort plus des Magasins que pour être consommée. Si le

droit du Roi se fût prélevé là
seulement , le Laboureur ,
n'ayant payé nul impôt, se seroit contenté en vendant sa
denrée du prix de ses dépenses. Nous les avons estimées
24 livres, ci . . . . 24 l.
Le premier Marchand n'eut prélevé son intérêt,de 20 sols par
écus de 6 livres, que sur cette
somme, donc 4 livres, ci . .   4
En conséquence il l'auroit ven-   ———
due au Marchand de la Ville 28 l.
Alors le droit du Roi se percevant , nous l'avons supposé de
6 livres, ci   6
La mesure de grain à ce période,
où par l'autre moyen elle eut
coûté 35 livres, ne coûtera,
par cette seconde méthode,   ———
que . . . . 34 l.
II

Il eſt poſitif qu'il y a au moins
20 ſols d'économie.

La ſomme des divers intérêts dont
nous venons de parler, eſt une charge
pour le Conſommateur; ne rend rien
au fiſc, & produit au Marchand un profit qui lui eſt indifférent. Il ſemble
qu'on l'eût épargnée, en percevant le
droit du Roi dans la Ville où l'on conſomme.

L'ETAT paie lui-même une partie de
l'impôt ſur les denrées & conſommations; ſuppoſons cette partie de 50 million. C'eſt 50 millions qu'on a inutilement prélevés ſur le Peuple, qu'il faut
qu'on lui rende avant le paiement de
l'année d'enſuite pour le mettre à même de le faire; c'eſt 50 millions à déduire du revenu de l'Etat, puiſque l'E-

tat ne les a retirés du Sujet que pour les lui rendre. Mais c’eſt dans les Villes où l’Etat les rembourſe, car c’eſt dans les Villes où l’Etat fait ſa conſommation : en impoſant uniquement les terres, ce ſeroit de la campagne qu’on les auroit retirés ; ils y retournent tard, & n’y retournent pas entiers ; car les intérêts de la premiere Taille, ajoutés par le Marchand au prix de ſa vente à l’Etat, reſtent au moins dans les Villes.

Si au contraire l’impôt ſe perçoit dans les Cités, chaque année le fiſc en renouvellant ſes achâts, rend directement ces 50 millions à ceux qui les ont avancés. Ceux-ci peuvent donc les payer de nouveau à la premiere réquiſition ; & l’on n’eut pu les exiger du Cultivateur *qui ne les auroit pas retirés*, ſans les lui arracher avec violence, ſans lui faire perdre un temps précieux, fans enchérir la denrée dès fa fource, fans expofer le Citoyen confomma-teur, & le fifc lui-même à payer au Marchand les intérêts de la fomme néceffaire à l'Etat : alors du moins s'il vrai que toujours les impôt retombent fur la terre, ils feront payés par celui qui poffede, & n'écraferont pas celui qui cultive (14).

———————

Lorsque la difette contraint une Province à attirer chez elle les denrées récoltées dans une Province éloignée, par combien de mains auront elles paf-fé, combien de fois leur prix aura-t-il été augmenté de l'intérêt du droit du Roi, s'il a été perçu fur la terre même qui les produifit ? Le Cultivateur qui, dans ces crifes fâcheufes, n'a pas récolté la quan-tité de grains néceffaire à fa nourriture perfonnelle, achette lui-même, fous son humble toît, cette denrée enchérie par sa rareté, par les frais de transport, par les profits du commerce, par le droit du Roi, & enfin par toute la somme des intérêts de ce droit depuis le moment qu'on l'a perçu. Le Journalier paiera tout cela lui-même, l'homme le plus pauvre le paiera ! Gens riches, gens aisés, soyons humains ; dans ces temps malheureux, allons avec empressement au Prince, & disons lui dans l'enthousiasme de la vertu : nos dépenses sont augmentées, il est vrai ; mais nous avons du pain, le pauvre en manque ou dans peu, ses ressources épuisées, il en manquera : c'est à nous de supporter l'impôt. Décharge de ton droit la denrée que la disette oblige à réexporter dans les Campagnes, que l'Habitant des Villes paie seul ; si dans le nombre il s'en trouve auxquels ton droit soit onéreux, nous le paierons à leur place ; nos charités arracheront une partie de nos Concitoyens au poison mortel de l'inexorable faim.

En effet, le Pauvre de la Ville a plus de ressource que celui des Campagnes ; du moins il a auprès de lui des gens riches auxquels il peut représenter son besoin ; il en est qui sont sensibles, peut-être par la suite en trouveroit-il davantage : mais le Pauvre, au milieu des champs, ne peut demander du pain qu'à des gens presque aussi pauvres que lui, dont le visage have & le corps chancelant, annonce qu'eux-mêmes sont abattus par l'impérieux besoin (a).

____

(a) Ce que nous disons ici ne peut se rapporter qu'à un système dans lequel le grain seroit assujetti à un droit d'entrée, & non pas au nôtre : car, comme on le verra dans la suite, notre intention est d'exempter le bled de tout impôt à la Ville & à la Campagne.

Enfin le Confommateur fans propriété eft peut-être le plus chargé par
l'impofition fur les terres ; car n'ayant
point de denrée à vendre , il ne peut
fe faire rembourfer , comme le peut le
Propriétaire en hauffant le prix de la
fienne (a).

Cette maniere d'impofer eft vicieufe,
puifqu'il en coûte, par les intérêts de la
taxe , davantage au Sujet que le fifc ne
retire : nous l'avons démontré.

L'on ne peut pratiquer cet impôt
fans trouble, attendu qu'il porte plus
directement fur ceux qui ont le moins
de moyens pour fe procurer le numé-

____

(a) Son induftrie le fauve , dira-t-on : oui
fans doute ; voilà l'augmentation qui marche
de proche en proche ; nous en avons fait obferver l'effet tout-à-l'heure.

raire. Le Cultivateur eſt toujours em-
barraſſé de payer le Roi ; il a quelquefois du grain, mais point d'argent.

DE tout cela il faut en déduire que
l'impoſition ſur les terres ne vaut abſolument rien. Il convient de chercher
ailleurs à l'impôt, une baſe ſur laquelle
on puiſſe l'appuyer ſans faire couler les
larmes ameres du déſeſpoir, & ſans
que le Conſommateur ſoit contraint
de payer au-delà du droit & des frais
indiſpenſables de perception. Pour y
parvenir, certain de ce principe, *qu'impoſer la terre c'eſt impoſer tous les objets de conſommation, c'eſt faire payer le Conſommateur lui-même*, il faut changer les moyens de percevoir qui ſont établis ; faire payer la taxe dans les villes, & la fixer avec ſoin

E iv

dans une proportion relative à l'utilité
& à la conséquence de l'objet imposé.

Il me paroît qu'un droit renforcé
sur les objets de luxe, convient d'autant plus, qu'il porte sa principale influence sur ceux que leur richeffe met
en état de payer. Ce droit se prélevant
sur des confommations qui ne font
point néceffaires, que chacun fait, ou
peut se borner à faire en proportion de
fon revenu, doit être regardé avec
raifon comme un impôt libre. L'induftrie, les goûts factices habitent les
villes; il ne vient des campagnes que
les denrées : or, l'habitant de campagne qui aura du luxe, paiera sa cote
de l'impôt, en achetant de la ville ce
qui doit le fatisfaire; & du moins celui
qui ne demande qu'à vivre, vivra.

Ainfi un droit progreffif sur les
denrées en raifon de leur ap-

proximité du besoin ou du luxe ;

Un droit, dans une progression pareille, sur tous les autres objets ;

Une Capitation progressive dans la même raison ;

Un impôt sur la partie des immeubles qui n'est que luxe ou richesse décidée ;

Une taxe sur les rentes solides & fixes, nous paroissent les pivots les plus robustes sur lesquels puisse rouler l'impôt ; puisqu'alors on ne demandera du numéraire qu'à ceux qui en ont.

SECTION IV.

IL est plus aisé de prouver que d'autres ont mal vu, que de ne pas voir mal soi-même. Ce qui nous reste à dire n’est plus que doute & méfiance. Nous avons combattu , il faut établir. Jusqu’à la fin de notre ouvrage nous n’avons d’autre certitude que celle de la pureté de notre intention.

Mais à travers un chaos d’erreurs , quelquefois une lumiere salutaire frappe les yeux de l’administration, elle discerne bientôt la fugitive vérité : alors elle écarte avec empressement les nuages qui la ternissent, l’indique, la saisit ; plus sage, plus éclairée que n’est l’Ecrivain patriotique au fond de son cabinet, elle fait l’employer avec avantage.

La Taille ne subsiste plus : la denrée est récoltée sans avoir payé aucun droit ; le Cultivateur n’ayant plus à retirer de sa vente que la dépense de culture, celle de fon entretien & fes profits légitimes, elle arrivera aux portes des cités au même prix fimplement augmenté des frais de tranfports, & des droits de commerce fur la fomme primitive qu'on peut regarder comme fa valeur intrinféque. Là, où elle ne vient que pour être confommée, il n'y a nul inconvénient à percevoir le droit; le Marchand ne fait, en le payant, qu'une avance qui bientôt lui fera rembourfée par le Confommateur. Mais dans quelle progreffion impofer les denrées? Le voici, comme l'amour de l'humanité me le dicte.

Le bled, de toutes les denrées la feule abfolument néceffaire à la vie, fera exempt de tous droits en grains & en farine; par-là le pain diminuera, les cris du peuple cefferont, & il n'aura plus de motif pour les renouveller (15).

Les autres denrées pourront être assujetties à des droits fixés de maniere qu'en raison de leur utilité, elles paieroient toujours moins : un exemple de cette façon d'impofer les denrées fuffira (a).

Toutes les qualités de vin paient aujourd'hui à l'entrée des villes un droit égal ; il eft à Paris de 4 fols 3 deniers par pinte. Telle qualité qui, fur le lieu où on la récolte, vaut 40 fols la pinte, eft certainement trop peu chargé à 4 fols 3 deniers, en proportion de celle qui originairement n'a coûté que 4

______

(a) Quand elles paieroient autant qu'elles paient aujourd'hui, elles feroient encore moins cheres ; puifque la taille qui les enchériffoit dans leur principe, fe trouvera fupprimée. Nous fouhaitons bien auffi que l'on fupprime quelques autres droits qui augmentent malheureufement leur prix.

fols, ou moins de 4 fols. Cette derniere forte de vin eft la boiffon du peuple, du pauvre Journalier qui, s'occupant d'un travail pénible, a en quelque forte befoin de ce fortifiant. Cet objet n'eft qu'utile ; il n'eft pas de néceffité abfolue comme le bled; il n'y a donc point d'inconvénient à le foumettre à un droit d'entrée : mais le pauvre a moins de moyens que le riche, fa boiffon doit être refpectée, elle paiera peu. Les vins connus fous le nom de vins fins, qui font la boiffon d'agrément de luxe du riche, peuvent payer en proportion de leur valeur qui toujours eft en rapport de leur qualité. Ainfi l'on pourroit n'exiger que 2 fols, ou moins de 2 fols, de la pinte de vin commun, & progreffivement de toutes les qualités jufqu'à 15 & peut-être jufqu'à 20 fols.

Les Aides étant supprimées, chacun proméneroit librement son vin dans les villes, & l’on n’auroit plus à se plaindre du désagrément de l’exercice des caves.

Cependant les fripponneries, si ordinaires & si faciles dans le commerce des vins, ne permettent pas qu’on accorde à ceux qui le font, la même liberté dont on ne peut priver sans injustice les Marchands de grains. On est obligé de tenir sous les yeux de la Police les magasins de vins, pour éviter les frelatages qui s’y commettent, & qui nuisent en même temps à la santé du peuple & aux droits légitimes du Prince. La Police seroit donc autorisée à visiter les entrepôts des Marchands, à examiner les vins qu’ils débitent, à se faire montrer les acquits de paiement du droit des vins qu’ils ont chez eux, ou

dans d'autres magafins. De bons Réglements & des punitions féveres fur
une partie trop négligée , empêche-
roient la fraude & le crime ; la fanté
des Citoyens feroit fous l'abri des
Loix.

La contrebande feroit dévoilée par
la comparaifon des acquits de paiement & de la quantité des vins avec
les regiftres des portes. Si un Particulier étoit convaincu d'avoir fait entrer
fa confommation en fraude, ou facilité
en entrepôt la friponnerie du Marchand, fa punition feroit d'autant plus
forte, qu'il avoit la confiance de l'Etat,
puifqu'on n'avoit pas foumis fes caves
aux vifites de la Police.

Toutes les autres denrées feroient
fujettes au droit dans des rapports pareils à ceux dont nous venons de parler
à l'égard du vin. Un tarif très clair &

très simple détermineroit cette fixation pour le Commis qui percevroit, & pour le Particulier qui y seroit soumis.

Les Traites, par la mutiplicité des Douanes, font payer en vingt façons différentes la même marchandise; elles la soumettent à des visites sans nombre, à des déchargements fréquents, à des discussions continuelles sur son estimation; tout cela fait perdre un temps considérable à celui qui transporte, & l'expose à des frais inutiles. Veut-il éviter ces désagréments, il est puni comme coupable; & n'eût-il rien de prohibé ni de sujet aux droits, il est condamné pour ne l'avoir pas montré aux Traitants.

Ces entraves divisent le Royaume en plusieurs Etats séparés, l'on pourroit même dire ennemis les uns des

autres

autres. La moitié de nos Provinces, sous prétexte de les maintenir dans leurs privileges, est réputée étrangere, & ses productions font soumises au droit en cette qualité (a). Le commerce intérieur, l'exportation, l'importation, tout languit. Destiné-je mes marchandises à sortir du Royaume, il faut que je le prouve à chacune des villes qui font sur la route. Souvent l'on me fait payer un droit discuté, je le dépose du moins. Toutes ces lenteurs font perdre l'occasion des ventes : ces tracasseries dégoûtent celui qui se feroit livré à un commerce avantageux pour l'Etat.

Joint à cela les frais de régie & la

____

(a) Il est démontré que ces Provinces jalouses de leurs antiques privileges, perdent infiniment de ce qu'on les leurs a conservés.

F

la fortune des gens de finance qu'il faut prélever fur le produit des droits, ont fait détefter par le peuple, toujours extrême, tout ce qui s'appelle *Financier*. Les Fermes lui coutent en effet bien davantage qu'elles ne produifent au fifc; & les moyens de percevoir fans elles me paroiffent plus faciles qu'on ne l'a imaginé.

Je crois donc qu'on doit repouffer les Douanes fur les frontieres; & je ne donne le nom de frontieres qu'à l'orle de nos Provinces qui enferme le refte de l'Etat, & touche aux fouverainetés étrangeres.

Là fe percevroient les droits de Juftice établis fur les denrées & les manufacturages du dehors.

Là fe vérifieroient la quantité & la qualité des ouvrages & des denrées du Royaume qui fe préfenteroient pour

fortir. Sur cette revifion l'on délivre-
roit un titre au Manufacturier pour
qu'il pût réclamer l'impôt, fi on le lui
avoit fait cautionner, en tout ou en
partie, felon que l'adminiftration le
croiroit avantageux.

Là l'on empêcheroit la fortie des objets que l'Etat a intérêt de retenir, &
l'on condamneroit à une peine ceux
qui la tenteroient.

Là l'on faifiroit & détruiroit fur le
champ les marchandifes venant de l'E-
tranger que le Gouvernement auroit
cru devoir prohiber : mais fi par rufe
elles avoient évité la faifie à la fron-
tiere, celui qui les auroit introduites n'y
gagneroit rien. Les anciens des Corps
feroient autorifés à faifir & détruire
les objets prohibés chez le Marchand
qui les vendroit, chez le Confommateur qui les emploieroit, même fur

celui qui en feroit une partie de son habillement. En cas de négligence des anciens des Corps, la Police y veilleroit elle-même, & pourroit les condamner à une amende légere simplement pour leur rappeller leur devoir (*a*) : par ce moyen, l'impossibité d'employer les objets prohibés, empêcheroit que personne songeât à les introduire (16).

Sur-tout il faut observer, en fixant le droit, qu'il ne soit pas onéreux au point d'encourager la contrebande, car tant qu'elle sera avantageuse, elle se fera, & il est dur d'avoir sans cesse à punir. La contrebande faite, il n'y a plus d'inconvénients à la poursui-

______

(*a*) A peu près par un motif semblable à celui qui fait qu'on punit à la Chine un Commissaire, lorsqu'il y a du tapage dans le quartier dont la police lui est confiée.

vre, même avec rigueur; mais ce n'eſt pas contre celui qui a introduit en fraude qu'il faut porter toute la ſévérité de la loi. Celui-ci communément y eſt engagé par la miſere : le citadin riche qui l'y a déterminé eſt bien plus coupable : la confiſcation de la majeure partie de ſa fortune *ſuſpecte*, & l'infamie du blâme, ne me paroiſſent pas une punition trop rigoureuſe. Tant qu'on ne s'en prendra qu'au malheureux qui tranſporte, & qu'une fois introduit dans l'Etat, on reſpectera l'objet q'on ſait bien avoir échappé à la vigilance du Commis, jamais on n'empêchera la fraude. Il n'y aura que quelques malheureux obſcurs qui feront punis; & les riches engageront encore d'autres malheureux à s'expoſer à la punition (17).

Il faut auſſi prendre garde que le tarif ne foumette pas le même objet à payer le droit en différentes manieres, comme cela arrive aujourd’hui à l’égard des cuirs qui paient de nouveau à diverfes époques ; d’abord fur le bétail, enfuite fucceffivement comme cuirs en poils, cuirs tannés, cuirs différemment apprêtés : il eft impoffible que l’ouvrage où on l’emploie, n’en foit confidérablement enchéri.

Tous les objets provenants de Manufactures nationales , paieroient les droits du Roi dans les atteliers même où ils feroient fabriqués ; ce droit feroit proportionel pour chacun relativement à fon degré d’utilité : ainfi le drap groffier, abri néceffaire à la délicateffe de nos membres, paieroit un droit modéré relativement aux draps plus fins qui font confommés par les gens aifés, & qui deviennent pour eux

un objet d'agrément, & quelquefois
une vanité du luxe. Le Manufacturier
se feroit rembourser son avance par le
Consommateur, en l'ajoutant au prix
de son travail.

Si l'on me dit que je traite moins fa-
vorablement le Manufacturier que le
Laboureur, car je n'ai pas imposé la
denrée de ce dernier, chez lui, dans
la crainte de le faire payer avant sa vente : je répondrai, que ce n'est point tant
le Laboureur que j'ai voulu épargner,
que la denrée. J'ai déduit, & peut-être
trop longuement, les raisons qui m'y
portent : j'ajouterai cependant qu'un
Manufacturier ne peut manquer d'employer à ses affaires des fonds considérables ; or qu'il est riche ou par son crédit ou par son avoir : que l'avance est
la mort du Paysan, parcequ'il n'a ni
crédit, ni trésor, qu'il est incertain du

moment de ſes ventes & de la ſomme
à laquelle elles monteront : que la valeur du drap eſt à-peu-près fixe, & que
celui qui le manufaclure ne le faiſant
communément que ſur *commandes*, eſt
aſſuré de voir rentrer bientôt ſon avance
de l'impôt, avec les profits de ſon commerce ; ſi cependant il fabrique au-delà
de la quantité qui lui eſt demandée,
c'eſt qu'il eſt aſſez riche pour riſquer
cette ſpéculation.

Que ſi l'on me diſoit auſſi que puiſque
j'épargne au Conſommateur de la denrée les intérêts du droit, en ne le faiſant
percevoir que là où elle doit être con-
ſommée, je devrois accorder la même
faveur à celui qui conſomme les étoffes :
je répondrai, que ſi j'avois trouvé un
moyen par lequel, ſans gêner le commerce, ſans occaſionner une dépenſe
pour la perception, j'eus pu faire payer

le droit du drap , feulement après que l'habit feroit ufé par le Confommateur , je n'aurois pas balancé à le propofer ; mais je ne vois d'autre moyen d'éviter que les étoffes paient dans les manufactures , que celui des Douanes. Je ne chercherai point à prouver par de nouvelles raifons à quel point elles gênent le commerce ; je n'en ai dit qu'un mot , parceque je ne doute pas que l'on n'eût bien des faits à me communiquer pour me faciliter la preuve de ce que j'ai avancé à leur égard. Au furplus , il faut vivre bien avant de fe vêtir : le pauvre confomme annuellement beaucoup plus en nourriture qu'en habits ; & quand le riche ajouteroit l'intérêt des droits du Roi au profit du Manufacturier , je ne vois pas que ce foit un grand vice.

Même qu'on ne dife pas que par la

méthode que j'indique, la fortune du Manufacturier feroit sous les yeux de l'adminiftration. Son secret n'est pas la quantité ni la qualité des étoffes qu'il manufacture ; mais les débouchés qu'il a pour son débit, & les effets que contient son porte-feuille.

L'on pourroit suivre une marche approchante sur les ouvrages des Artisans (18).

———

Nous avons dit les raisons qui nous ont déterminé à croire avantageux de laisser subfister le Bureau confervateur des hypotheques (a). Le même motif, la sûreté publique, nous fait penser qu'il faut conferver le timbre du papier, le contrôle des actes, la marque sur l'or & l'argent. C'est une prévoyance du Gou-

———

(a) Page 25.

vernement, une protection digne de lui contre la fupercherie & la méchanceté : mais fi tous ces établiffements font néceffaires pour la fureté des Contractants, les droits ne le font pas. La généroficé du Prince pourroit les regarder comme une dépenfe de l'Etat, fi l'Etat avoit un Domaine dont la culture lui produifit dequoi faire fes dépenfes : mais l'Etat paie avec l'impôt ; il ne donne au Sujet que ce que le Sujet doit lui rendre : or fi quelqu'un doit payer ces divers droits, c'eft celui qui en retire un avantage. Celui qui prête fur hypotheque, doit payer pour la fureté qu'il obtient, & non pas celui qui n'a pas dequoi prêter, & qui peut-être ne l'aura jamais. Il en eft de même de toutes les dépenfes que l'Etat eft obligé de faire pour la fureté des Particuliers ; celui qui follicite doit en faire les frais.

Au reste il paroît convenable d'alléger ces divers droits de maniere que leur somme n'excede pas, s'il est possible, les frais qu'occasionnent ces établissements ; afin que le Pauvre qui, malheureusement est quelquefois contraint d'y avoir recours, n'en soit pas accablé.

L'on sent bien qu'on peut, même qu'on doit, excepter de cette loi générale la marque sur l'or & l'argent, dont le droit pourroit être augmenté sans inconvénient, attendu que le luxe du Riche le paie presque tout entier.

L'Homme qui a du luxe est en état de le soutenir, ou mérite d'en être accablé ; l'on ne doit pas craindre de taxer tous les objets qui lui servent d'aliment. L'on ne doit pas craindre non plus d'étendre l'impôt sur les objets de fantaisie, même sur ceux d'aisance & de

commodité. Le Riche , fur qui tom-
bent toutes ces taxes, n'aura point
à fe plaindre , puifque fa fortune
le met à l'abri du befoin. Ah! bien plutôt il entendra la fainte humanité qui
crie au fond du cœur de tous les hommes, *foulage ton frere qui fouffre, vole
à fon fecours , il va périr.* Homme riche, fi tu veux un plaifir pur, écoute
cette voix : paie fans murmurer l'impôt
de tes fuperfluités ; tu décharge d'autant la vie du Pauvre !

Quelle quantité d'objets cette théorie foumet à la taxe ! les bijoux, la vaiffelle d'or & d'argent, les broderies, les
ouvrages précieux des Artifans & des
Artiftes, les maifons, les châteaux, les
jardins & parcs d'agrément, les voitures, les chevaux employés à autre
chofe qu'au labour, les Domeftiques
dont il eft prouvé que les Maîtres paient

la capitation : enfin tous les objets si connus de superfluité & de luxe.

Les bijoux étant fragiles, ne font guere susceptibles que du droit de marque. Les diamants, les pierres fines, pourroient payer chez le Lapidaire ou chez le Metteur en œuvre.

L’on pourroit ajouter au droit de marque des montres d’or & d’argent, une taxe relative, au mouvement, qui feroit plus forte pour les montres d’or qui font uniquement luxe, que pour celles d’argent qui peuvent être d’utilité. Cette taxe fe percevroit chez le faiseur de boëte en même temps que le droit de marque, vu la difficulté qu’on a d’impofer le mouvement chez l’horloger, qui a plus de montres à réparer qu’à faire, qui fouvent fait venir de dehors fes mouvements tous prêts, & d’ailleurs les fait fréquemment commencer & finir par des Ouvriers qui travaillent dans leur chambre. (19).

Il y a deux manieres de taxer la vaiffelle, le droit de marque augmenté chez l'Orfevre, ou bien une fomme chaque année par marc de fon poids chez le Riche qui en décore fes buffets. On pourroit lui faire accufer la quantité de marcs qu'il poffede, & s'il fe trouvoit avoir menti, le punir : rarement l'on feroit dans le cas d'ufer de la punition ; car quel eft le Riche qui s'expoferoit à voir démontrer *qu'il a menti au Gouvernement* (20).

Les droits fur les broderies, fur les ouvrages précieux des Artifans & des Artiftes pourroient être perçus chez les perfonnes qui s'en occupent.

Mille objets du même genre font fufceptibles d'impofition ; mais la nature de mon ouvrage ne comporte pas

ces détails : ils font le but d'un tarif rai-
fonné où l'on fixeroit le droit, & où
l'on expliqueroit à chaque Article les
moyens de le percevoir. Quand même
l'adminiftration approuveroit mes vues,
elle n'auroit pas befoin de mon fecours
pour ce travail : cependant, fi jamais
quelque explication de mes principes,
quelques détails fur les objets ici trop
accumulés, peuvent être avantageux au
bien public; je facrifierai volontiers
mon temps à remplir une tâche auffi
glorieufe, & qui s'accorde fi bien avec
les fentiments de mon cœur.

———————

LES jardins de plaifance, parterres,
parcs d'agréments, avenues, chemins
hors de la voie publique, cours de châteaux & de maifons qui ne font point
employés à des entrepôts utiles, feroient
impofés à la **Ville** & à la **Campagne**,

à

à une certaine somme par toise (21).

Les Bâtiments occupés par le Propriétaire seroient taxés proportionnellement, soit à la Ville soit à la Campagne, à tant par toise d'élévation, & par toise d'étendue. Les maisons qui se louent paieroient tant par livre du montant des loyers : ensorte que lorsqu'elles seroient vuides, le Propriétaire n'auroit rien à payer.

Bien entendu que pour rester fidele à mes principes, je crois que les magasins de grains, de légumes, de fourrages ; les moulins ; enfin tous les bâtiments dont la taxe pourroit contribuer à l'enchérissement des denrées nécessaires & utiles, devroient être exempts de tout droit (22).

Un impôt sur les voitures me paroît encore porter sur un objet de luxe &

d’agrément que l’Etat peut charger.

On pourroit taxer à 96 livres chaque voiture bourgeoise à quatre roues, qui roule attelée de deux chevaux (23).

Celles à quatre roues qui n’ont qu’un seul cheval, semblant être plutôt d’utilité que de luxe, paieroient 60 livres.

Les cabriolets sont absolument luxe; on les imposeroit donc plus cher que les carrosses, en proportion du nombre de leurs roues : nous ne croyons pas que ce fut trop que 72 livres (24).

Les voitures de routes à deux roues étant d’utilité publique, seroient suffisamment imposées à 36 livres.

Celles à quatre roues seroient taxées 60 livres.

Toutes ces taxes se paieroient annuellement : à moins qu’à l’égard des voitures de routes, le Gouvernement ne jugea convenable de prendre d'autres arrangements.

Reste les carrosses de louage dans les Villes, les carrosses de place, les chaises à porteurs, les brouettes bourgeoises & de place, qu'on peut imposer proportionnellement, en raison de ce que leur suite paieroit d'impôt d'un autre côté, & de leur approximité au luxe.

———

Les chevaux employés à d'autres usages qu'au labour, paieroient 3 livres par tête.

Ceux de labour, rien : toujours dans le principe de faire enchérir la denrée le moins possible.

———

Nous parlerons des Domestiques à l'Article des capitations.

L'on pourroit facilement percevoir 2 fols pour livre fur toutes les rentes affurées par des contrats hypothéqués. Cette perception pourroit s'établir au Bureau confervateur des hypothéques, qui ne feroit qu'un avec celui du con- trôle des actes (25).

L'on pourroit obliger à faire contrô- ler les baux à fermes, même ceux paf- fés fous feing privé, & leur faire payer une redevance annuelle de tant pour livre de leur produit.

Si l'on croit qu'en impofant de cette maniere les baux à fermes, j'impofe la terre, donc fes productions ; l'on fe trompe. Si l'on veut bien y faire atten- tion, l'on verra que cet impôt ne porte que fur le revenu du Propriétaire qui a voulu fe décharger de l'embarras de diriger lui-même fes cultures, & s'affurer d'une rente à peu près fixe : il ne pourra pas augmenter le prix de son bail de la somme de l'impôt, parceque le Fermier ne lui donnera jamais qu'en raison de ce que sa terre peut rendre ; il sait que la ferme qu'il prend est avoisinée par des Cultivateurs qui n'ont rien à payer, & qu'ainsi ils donneront leurs denrées à un prix qui fixera la valeur de la sienne (26).

———

Nous croyons qu'il y auroit des changements à faire dans ce qui concerne les Postes. Cet établissement tient si fort à l'utilité publique, qu'on ne sauroit trop y faire attention. Il nous paroit, sur-tout, possible de diminuer les frais & de simplifier la machine à l'égard des lettres. Cet objet nous conduiroit trop loin pour risquer de l'entreprendre ici : ce que nous difons fuffit pour faire entendre , qu'en même-temps qu'on fonge à la recette des taxes , il faut s'occuper de l'économie dans la façon de les dépenfer.

L E s droits fur les cartes à jouer, doivent fans doute être continués. A quelque prix que les cartes foient portées, elles ne feront jamais trop cheres; & l'Etat ne retire pas d'impôt plus légitime (27).

J E ne vois pas qu'il fût nuifible de permettre la culture du tabac dans le Royaume , & de le rendre *marchand* ainfi que le fel. Quoiqu'il y ait mille chofes à dire fur la maniere d'impofer ces deux objets , je ne puis m'étendre autant que je le defirerois : je dirai fimplement qu'il me paroît poffible

de soumettre à une régie ces deux productions; qu'au surplus, on pourroit
taxer les salines en proportion de leur
produit, & faire payer par arpent les
terres plantées de tabac; parceque ce
n'est point les terres, mais l'objet
qu'elles produisent, que je crains d'imposer. Je vois un grand inconvénient
à enchérir le bled & les autres denrées nécessaires; & je n'en vois point
à enchérir le tabac, qui n'est qu'un
objet de fantaisie : mais du moins, per-
mettons-en la culture ; puisqu'il en
faut dans le Royaume, tâchons d'é-
pargner les sommes que nous portons
à l'Etranger pour nous le procurer.

SECTION V.

IL nous reste à parler de l'impôt par
tête. Nous allons présenter le tableau

des contribuables, felon l'ordre qui con- vient à la perception que nous croyons avantageux d'établir : nous joindrons au tableau quelques éclaircifïements fur les clafïes qui le divifent : nous indiquerons les exemptions qu'on pour- roit accorder, relativement à l'avan- tage de la fociété & à l'allégement des Charges de l'Etat : enfin nous offrirons nos idées fur la maniere de percevoir. Mais nous préfenterons nos doutes comme des doutes, & nous ne par- lerons avec affurance que de ce qui nous paroîtra convenir inconteftable- ment au bien général (28).

TABLEAU
DES CONTRIBUABLES.
POUR L'IMPOSITION PAR TÊTE.

AGRICULTURE.

JOURNALIERS de Campagne & Cultivateurs de leur bien au-deſſous du nombre d'arpents néceſſaire pour vivre.

Ils feroient fixés à une certaine ſomme par tête, chaque année.

Cultivateurs de leur bien excedant la quantité d'arpents néceſſaire pour vivre.

On les taxeroit ſelon leur fortune.

Fermiers.

On les impoſeroit relativement au montant de leurs baux.

Gens attachés au service des Particuliers.

Domestiques utiles. — de luxe. — de Campagne.

Imposés progressivement, comme on le verra dans les éclaircissements sur le Tableau, à l'article qui les concerne.

Maîtres d'Hôtel. — Officiers de Maison. — Intendants. — Secrétaires.

L'on imposeroit leurs gains annuels proportionnellement ; & ils se répartiroient les cotes relatives à leurs fortunes, en les joignant, pour cet objet, à quelqu'une des Communautés dont nous parlerons dans la suite.

COMMERCE.

Artisans & Ouvriers. — Marchands détailleurs. — Marchands - Fabricants & Manufacturiers. — Marchands en gros. — Commerçants. — Banquiers.

Leurs taxes fixées par tête, selon que le lieu de leur habitation est plus ou moins favorable, ils formeroient, dans chaque Ville, des Corps ou Communautés qui s'affembleroient pour répartir les cotes aux divers membres : ces Corps feroient formés fuivant l'objet du travail, & le genre du commerce ou du détail de chacun.

Gens attachés au Commerce.

Journaliers de Ville.

Ils paieroient comme ceux de la Campagne.

Voituriers.

Paieroient en proportions de leurs voitures & de leurs chevaux.

Leurs Domeftiques.

Par tête.

Maîtres de Poftes.

Seroient impofés felon l'avantage de leur fituation.

Les Poftillons.

Par tête.

Courtiers de Marchandifes.—Courtiers de Change.—Chargeurs.—Commiffionnaires.

Ils formeroient des Corps pour faire entre eux la répartition des taxes.

Les Apprentifs, Compagnons, Commis, Gens fervants dans les Magafins, &c.

Paieroient par tête.

FINANCE.

Financiers.

Ils feroient impofés relativement à leurs appointements, & à leur fortune.

BEAUX ARTS.

Artiftes des Académies.

Chaque Accadémie ou Ecole formeroit un Corps pour la répartition.

Les autres Artiftes.

Réunis en Corps pour la répartition, fi cela étoit poffible ; ou bien leurs cotes feroient établies felon les principes (fuivis avec exactitude) par lefquels on fixe aujourd'hui la capitation, principes que l'on fuivroit pour tous ceux qu'on feroit obligé de taxer d'office, ne pouvant point les réunir en Corps.

***

Les gens qu'on nomme Maîtres Peintres, Vernifſeurs, &c. formeroient des Communautés dans chaque Ville. Ils font proprement Artifans ; leurs Ouvriers, des Compagnons & Apprentifs.

***

Les Entrepreneurs dans chaque Ville formeroient des Corps féparés, felon le genre de leurs entreprifes.

***

Les Médecins, les Chirurgiens, les Apothicaires formeroient des Corps où ils feroient plufieurs. Lorfqu'ils ne feroient pas fuffifamment nombreux pour former un Corps, on les taxeroit felon ce qu'on fauroit de leur fortune & des autres charges qu'ils pourroient avoir.

Les Gens de robe formeroient des Corps féparés, felon leurs fonctions.

Les perfonnes dont les gages font payés par le Gouvernement, pourroient être impofées en proportion de ce que rendent leurs places, & de ce qu'eft leur fortune propre : ou bien on les exempteroit, regardant cette exemption comme partie des émoluments que l'Etat leur doit.

Par-tout où l'on pourroit faire des Corps de la Bourgeoifie, nous croyons que les individus y trouveroient un avantage, au moyen de la répartition des taxes qui feroit alors praticable.

On feroit de même à l'égard de la Nobleffe, que nous croyons plus facile à raffembler que la bourgeoifie.

Le Clergé feroit impofé en proportion du revenu des Bénéfices & de celui des biens appartenants aux Eglifes & aux Communautés Religieufes de l'un & de l'autre fexe. Enfin, les Eccléfiaftiques s'affembleroient pour fe répartir les taxes fur leurs patrimoimoines & fur le cafuel de leurs places. Voyez à ce fujet nos éclairciffements & notre note.

ECLAIRCISSEMENS
SUR LE TABLEAU
D'IMPOSITION PAR TÊTE.

Nous n'avons point dit les sommes auxquelles monteroient les divers droits sur les marchandises & sur les denrées ; nous observons la même réserve à l'égard de l'impôt par tête , regardant comme inutile de présenter des totaux incertains. Nous pensons que le Gouvernement seul , ou ceux auxquels il communiqueroit les titres nécessaires peuvent faire ces calculs avec justesse. Nous avons cru que c'étoit assez d'indiquer les moyens de percevoir avec facilité & sans qu'aucun des Citoyens pût légitimement se plaindre.

dre. Nous nous renfermerons dans ces bornes, en donnant à notre tableau les éclaircissements qu'il nous paroît exiger; & si nous parlons de la taxe de quelques-uns des individus, c'est seulement pour montrer la progression dans laquelle il seroit possible de le fixer; afin que, quelque forte qu'elle fût, elle ne se trouva jamais au-dessus des pouvoirs de celui qui y seroit soumis.

____

Nous entendons par Journalier, un homme qui ne possédant rien, ou ne possédant pas suffisamment pour vivre, loue ses bras. Il y en a de deux especes: les uns, qui ne s'occupent qu'à la culture des terres, ont des profits bien minces; le montant de leurs journées n'est jamais qu'en rapport de ce qu'il faut strictement à un homme pour vivre dans la Province où ils travaillent : les autres porteurs de fardeaux dans les Villes , gagnent communément d'avantage ; nous les avons distingués , dans le tableau , sous la dénomination de Journaliers des Villes.

L'indigence à laquelle paroît condamné cet ordre de Citoyens, sollicite en leur faveur les plus grands ménagements. Cependant il est juste qu'ils soient taxés, parceque jouissant de l'avantage attaché à la qualité de Citoyen, ils doivent un tribut au Gouvernement pour leur rappeller qu'ils sont ses sujets : mais comme il faut épargner leur misere , leur taxe nous paroît ne devoir pas excéder 30 sols par tête chaque année.

Nous ne croyons pas qu'on doive faire payer plus aux Journaliers des Villes, qu'à ceux des campagnes ; parcequ'il y en a d'aussi misérables, que leurs gains ne sont pas assurés, que d'ailleurs leurs consommations sont plus cheres & paient au Roi. Il est à la vérité certains journaliers de Ville dont les gains sont plus sûrs & plus considérables : ceux-ci pourroient payer davantage ; & s'assembler même pour se répartir les cotes, de la maniere que nous expliquerons ci-après.

Avant seize ans, leurs enfants mâles ne doivent rien, attendu que ce qu'ils ont pu gagner avant cet âge, n'a pas couvert les dépenses que leurs premieres années ont occasionné à leur pere (l'homme ne doit pas trouver dans ses enfants une source de misere & de douleur) passé cet âge, leurs gains devenant plus forts, il semble qu'on peut les taxer avec justice.

H ij

―――――

Un cultivateur de son bien propre, lorsqu'il n'excéde pas la quantité d'arpents nécessaire pour le nourrir, ne doit être taxé que comme un Journalier. Celui qui possede au-delà, pourroit être imposé en proportion de sa fortune qu'il est aisé de connoître, vu qu'elle n'est jamais excessive (29).

Leurs enfants mâles, tant que le pere cultive par ses mains, & qu'ils n'ont point eux - mêmes d'occupation ou de possession qui les placent dans une autre classe, pourroient payer comme Journaliers, lorsqu'ils auroient atteint l'âge de seize ans.

―――――

Nous avons prouvé que sans imposer la terre, l'on peut taxer le revenu du Propriétaire qui met en ferme ; l'on peut aussi taxer le Fermier. On l'imposeroit, non pas à tant pour livre du montant de sa ferme, mais à une somme chaque année, établie en raison du produit du bail unique ou des divers baux qu'il auroit passés ; ce produit étant toujours l'indication de ses profits (*a*).

Ceci doit s'entendre des Fermiers qui travaillent eux-mêmes ; car il y en d'autres qui font dans le cas d'être imposés différemment. Souvent un

____

(*a*) Ainsi l'on doit entendre que l'imposition par tête des Fermiers, ne seroit pas tant pour livre du montant de leurs baux ; mais une somme fixée à proportion de ce montant. Un Fermier qui n'a qu'un bail de 500 livres, paieroit peut-être 12 livres ; & celui qui en un de 1,000, paieroit 36 livres ; parceque c'est le gain que chacun peut faire qu'on a voulu imposer.

H iij

homme, riche d'ailleurs, prend par arrangement des fermes qu'il fait exploiter : fans contredit, il doit être taxé felon fa qualité individuelle ; & encore felon le montant des fermes qu'il tient d'autrui.

Celui qui cultive fon héritage, afferme quelquefois en même - temps celui d'un autre ; il paieroit auffi en deux qualités, vu que c'eſt le gain qu'il compte faire qui l'a déterminé à cet arrangement. Ceci eſt dit pour tous les individus qui fe trouveront exercer diverfes profeſſions ; ils paieront l'impôt par tête, au quel chacune les foumet.

On peut regarder les Domeſtiques fous trois acceptions : Domeſtiques utiles, Domeſtiques de luxe, Domeſtiques de campagne. Ceux d'utilité &

de luxe font leur fervice auprès des Maîtres ; c'eft d'eux dont nous allons parler d'abord.

Les Domeftiques utiles de la femme & du mari , formeront aux yeux de l'adminiftration , deux échelles féparées.

Domeftiques utiles du Mari.

Le premier	4 l.
Le fecond	1 2

Domeftiques utiles de la Femme.

Le premier	4 l.
Le fecond	1 2

Ceux de luxe ne forment qu'une feule échelle : on n'a pas befoin d'auffi grands ménagements pour le luxe que pour l'utilité.

Domeftiques de luxe.

Le Premier	100 l.

H iv

Le second . . . . 200 l.
Tous ceux paſſé ce nombre . . . 12

Par cet arrangement, un mari & une femme qui vivent enſemble, ne paient comme luxe que le cinquieme Domeſtique de la maiſon commune : s'ils vivent ſéparés, ce ſera le troiſieme. Il en ſeroit de même des célibataires ; l'on ſait pourquoi l'Etat ne doit pas épargner autant ces derniers que les autres.

Les Intendants, Maîtres-d'Hôtel, Officiers de Maiſon, &c. payeroient par tête une taxe différente de celle des Domeſtiques, & proportionnée à leurs profits.

Les Domeſtiques réſidents dans les campagnes, tiennent à l'utilité. Ces ſortes de Domeſtiques ſont les Concierges des Châteaux, les gens ayant

foin des meubles, les Gardes-Chaf-
fe, &c. ils pourroient être impofés
pour chaque terre dans la progreffion
fuivante.

Domeftiques de Campagne.

Le premier   .   .   .   .   3 l.
Le fecond   5
Le troifieme & ceux en fus . , ... 12

Les Laboureurs, Bouviers, Bergers,
Jardiniers font réputés Journaliers,
excepté le Jardinier qui cultive un Jardin d'agrément de plus d'un demi arpent ; alors il entreroit dans la claffe
des Domeftiques de campagne (30).

Nous n'avons pu former des Corps
de tous ceux dont nous venons de parler ; mais tant qu'il nous a paru poffible de réunir les individus, nous n'a-
vons pas balancé à le faire , attendu

que ce moyen facilite la perception du droit, & que la répartition peut se faire avec plus d'équité & moins d'embarras pour l'administration (31).

Les Artisans & les Ouvriers forment naturellement des Communautés séparées, selon l'objet de leur travail.

L'imposition par tête des Artisans, & en général de tous ceux dont il est possible de former des Corps, étant fixée à une certaine somme, selon que le lieu de leur habitation est plus ou moins favorable à leur profession, l'on saura facilement le nombre de ceux qui exercent tel ou tel art, &c.

Soit, dans une Ville quelconque, le nombre des Menuisiers . . . 200
L'impôt par tête qu'on peut

exiger de chacun avec juftice . . . . 6 l.
Cela fait pour tout le corps
400 écus $=$ 1,200 livres : ci, 1,200 l.

Mais dans ce Corps, les fortunes font inégales ; par conféquent les membres font plus ou moins dans le cas de fupporter l'impôt : ainfi on leur diroit, vous êtes deux cents, à 6 livres par tête votre Communauté doit au Fifc 1,200 l. Affemblez-vous, & faites entre vous la répartition de cette fomme, de façon que le pauvre ne foit pas accablé.

Cette forte de confiance que l'Etat leur accorderoit, cette propofition paternelle enflammeroient leurs cœurs de l'amour de l'humanité. En voyant dans ces affemblées libres l'expofition naïve de la fituation des malheureux, ils s'abitueroient à les plaindre, ils fe plairoient à les secourir ; les liens sacrés des mœurs & de l'humanité uniroient à jamais des Citoyens fideles à l'Etat.

Aujourd'hui les assemblées de Corps ne sont que des parties de débauche ; rien n'y a trait à la vertu : quelle différente influence ne doivent-elles pas avoir sur les mœurs !

Les Corps, après avoir fait ainsi la répartition chaque année, chargeroient quelques-uns d'entre eux de recueillir les deniers, qu'ils porteroient eux-mêmes au Receveur Général du Pays, sans retenir le moindre droit pour leurs peines.

Les Officiers municipaux veilleroient, dans l'étendue de leur district, à ce que les assemblées dont nous parlons se passent avec l'ordre convenable.

Les Apprentifs payeroient comme Journaliers.

Les Compagnons & Ouvriers travaillants chez des Maîtres, font effectivement des Journaliers; mais leurs journées font meilleures que celles des Journaliers travaillants à la terre, & leurs profits plus sûrs que ceux des Journaliers de Ville : d'ailleurs ils font prefque tous célibataires; on peut donc les impofer davantage. Ils payeroient,

Dans les grandes Villes . 3 l. o f.
Dans les petites Villes . 2 o.
Dans les Villages, comme Journaliers. 1 10.

Mais ces gens-là voyagent : il n'eft pas poffible de leur faire payer l'impôt par tête, à moins de s'y prendre comme nous allons le dire.

Chaque Maître feroit tenu de payer les taxes des Ouvriers qu'il occupe, pour le temps qu'il les auroit employés. De cette maniere, fi un Compagnon a travaillé trois mois chez un Maître à Paris, celui-ci, en réglant son compte, lui retiendra 15 fols, montant de fa Capitation pour ce temps.

Les Maîtres Fabricants d'étoffes font compris dans la claffe des Artifans & Ouvriers (32).

———

Nous penfons être fondés à regarder comme femblable les Manufacturier & le Marchand-fabricant.

Leurs taxes fixées à une certaine fomme par tête ; on les clafferoit, fuivant l'ordre que nous avons indiqué dans le Tableau, pour qu'ils en faffent la répartition.

Les Ouvriers de manufactures font pour la plupart Journaliers ; cependant ils nous paroiffent fufceptibles de plufieurs diftinctions : mais enfin ce n'eft pas l'impôt que je fixe dans mon Ouvrage ; je n'offre, je l'ai dit, que le

tableau général de la maniere d'impofer & de percevoir.

———

LES Marchands détailleurs, les Marchands en gros , les Négociants , enfin
toutes les perfonnes faifant quelque
efpece de commerce , & qu'il feroit
poffible de réunir en Corps , s'affembleroient pour faire la répartition de
leurs taxes perfonnelles. Ils paieroient
par tête pour les Commis & gens employés à l'année dans leurs magafins :
& felon la progreffion indiquée, pour
leurs domeftiques. Leurs Caiffiers , &
ceux qui ont dans les comptoirs ou
magafins des places fupérieures paieroient une taxe relative au produit de
leurs emplois (33).

Il y a deux fortes de Voituriers ;
ceux qui voiturent les perfonnes , &
ceux qui tranfportent les marchan-

difes : il faut les diftinguer pour la taxe.

———————

Nous ne parlons pas ici des autres perfonnes attachées au commerce, ni de ceux que nous comprenons fous la dénomination de Financiers. Notre tableau nous femble fuffifant à cet égard.

———————

Les Arts méritent qu'on les foutienne : mais le bien-être qu'ils procurent à ceux qui les exercent, quoique fouvent médiocre, eft toujours affez honnête pour qu'ils puiffent contribuer avec les autres Sujets.

L'on a accordé des privileges aux Artiftes, Membres des Académies Royales ; ces privileges doivent être refpectés, puifque le Gouvernement les leur a concédés comme une récompenfe penſe de leurs travaux , & un ſigne des talents qu'ils ont acquis. Quant à la taxe par tête , ils ſe la répartiſſent aujourd'hui ; ils ſe la répartiroient encore (a).

Il eſt d'autres Artiſtes dont les ſuccès ne mettent de différence que le titre entre eux & ceux qui compoſent les Académies Royales : ils ſeroient ſoumis à la taxe , comme nous l'avons dit dans le tableau.

Nous ne demandons pas pour ces derniers les mêmes privileges dont les autres jouiſſent ; mais nous croyons qu'on doit réclamer pour eux la liberté

____

(a) Nous avons entendu dans le Tableau , ſous le nom d'Académies , tous les Etabliſſements qui en prennent le titre , dont cependant la plûpart ne ſont proprement que des Ecoles.

I

dont les Arts font jaloux , & fans laquelle ils ne profperent jamais.

La fervitude de laquelle il eft ici queftion fe fait fentir particuliérement dans la Capitale : c'eft dans le centre même des Arts qu'elle appefantit fa main *deftruƈtive*. La fupériorité des talents , reconnue par toutes les Nations , ne met point à l'abri de fa rage les chefs-d'œuvre d'un Artifte étranger ; en vain quarante ans de travaux & de gloire femblent contraindre déja les fiecles futurs à fixer fur lui des regards étonnés : la qualité de Citoyen n'arrête pas non plus les vexations de l'ignorance privilégiée. Les Beaux Arts eux-mêmes font foumis aux rigoureufes maîtrifes ! L'on enleve à un Artifte , *s'il n'eft pas Maître ,* fes outils impuiffants dans d'autres mains que dans les fiennes , les effais où s'exer-

çoit son imagination, & les chefs-d'œuvre qu'enfanta son génie (34).

———

Nous pensons avoir suffisamment
expliqué dans le tableau ce qui concerne la Médecine, la Robe, les personnes gagées par la Cour, &c. Nous
dirons cependant que nous avons placé
les Apothicaires à la suite des Médecins ; parceque nous les regardons
comme Chymistes, & non pas comme
Marchands de drogues (35).

———

LA Bourgeoisie n'est plus ce qu'elle
fut autrefois ; elle ne forme presque
nulle part un Corps, & ce Corps, où
il subsiste encore, est bien dégénéré.
L'on n'entend guere aujourd'hui par le
nom de Bourgeois qu'un homme qui,
n'étant pas noble, vit de son bien sans
avoir de places, de fonctions, ni d'oc-

cupations civiles. C'eſt ainſi que nous l'avons vu dans le tableau : c'eſt de ces individus ſans rapports les uns aux autres , vivant épars dans les Villes & dans les Campagnes , que nous avons dit qu'il eſt difficile de les raſſembler pour la répartition. Ah ! ſi l'on pouvoit redonner à ces hommes qui ſemblent n'être plus dans l'Etat que pour conſommer ; qui y reſtent par indifférence ; qui ne ſont Citoyens que par-là ſeulement, qu'ils paient les taxes & ſont compris dans le dénombrement; ſi l'on pouvoit , dis-je , leur redonner cette énergie que le titre de Bourgeois excitoit autrefois dans le cœur de ceux qui en étoient décorés , ſans doute il feroit ſalutaire pour le Gouvernement de l'avoir tenté. Alors ceux mêmes qui n'ont rien à faire dans l'Etat, y tiendroient par la vertu du patriotiſme.

Peut-être parviendroit-on à cet heureux effet en les faisant assembler pour se répartir leurs taxes. Ils se lieroient entre eux par le sentiment ; ils deviendroient importants à leurs propres yeux par la fonction honorable dont l'Etat sembleroit les charger, *celle de se taxer eux-mêmes :* en s'assemblant pour leur bien réciproque, ils apprendroient à s'occuper du bien public ; du moins en sortant de ces assemblées, ils sauroient en quoi consiste la vertu (*a*).

____

QUOIQUE pareillement les Membres

____

(*a*) Il y a une autre espece de gens qui vivent bourgeoisement. Ceux-ci sont respectables même par leur loisir qui est le fruit d'une longue suite d'années passées dans des travaux utiles. A la vérité, ils ne font plus rien, mais ils ont fait.

qui composent la Noblesse vivent séparés, ils forment pourtant encore un corps respectable. En France, peut-être plus qu'ailleurs, la Noblesse a conservé cet amour de la patrie qui, dans tous les temps, a fait leur gloire.

Ce que furent ces valeureux Chevaliers où notre Noblesse antique trouve son origine, leurs descendants le font encore. Même courage, même amour pour le bien public : peut-être les loix de la sévere équité sont-elles mieux pratiquées par eux que par le reste de la Nation : l'humanité semble avoir plus d'accès dans leurs cœurs.

L'impérieux devoir les retint dans le sentier difficile de la vertu. A ce que leurs ancêtres avoient mérité de gloire, ils aspirerent à joindre un éclat qui leur fût propre. Le fils voulut attirer sur lui les regards que son pere avoit captivés si long-temps : l'exemple guida ses premiers pas ; & l'exemple se renouvellant à chaque génération , perpétua dans les cœurs cette heureuse activité qui conduit à l'éclat par l'honneur. Si quelquefois .... mais bientôt l'honneur , honteux de son assoupissement , se précipita sur les fastes de la durée pour en arracher les humiliants feuillets. Ah ! du moins il en sut détourner tous les yeux pour les fixer sur des faits dignes de lui !

Contente de la gloire , la Noblesse s'est exclue dès long-temps des professions lucratives. Son sang, ses veilles, sa fortune , elle a tout sacrifié ; elle est prête à tout sacrifier encore. Elle verra avec indifférence devenir inutile, par par la suppression des tailles, une exemption dont elle ne profitoit qu'à regret ; que souvent ses largesses , répandues ſur des vaſſaux chargés de leurs taxes perſonnelles, & de tout ce qu'elle-même ne donnoit pas au fiſc, ren-doient abſolument nulle (a).

Ces hommes généreux qui , cher-chant la célébrité pour eux-mêmes, ſe plaiſent encore à la contempler dans autrui, s'aſſembleront avec joie. Là ils ſe rappelleront qu'ils ſont Citoyens, en ſe répartiſſant le tribut auquel cette qualité les ſoumet;là ils s'enflammeront d'un nouveau zele, en ſe retraçant celui leurs aïeux. L'honneur ſaura bien leur dire : *Vos ancêtres ſe ſont auſſi réunis*

(a) Les Nobles ont ſi peu cherché à profiter de cette prérogative attachée à leur rang , que preſque toutes leurs terres ſont affermées ; & qu'ils acquierent indifféremment dans les Provinces où le Cadaſtre empêche ces exemp-tions d'avoir lieu.

sous ces portiques augustes où vous vous retrouvez avec émotion : ils y ont donné à leur patrie un témoignage authentique de leur attachement , & à leurs Concitoyens , l'exemple du devoir & de l'humanité (36).

Nous reverrons la religion : nous pensons que tout être raisonnable doit s'humilier devant son Dieu. Nous détestons ces bouches infames qui tentent en vain d'empoisonner nos mysteres de leur souffle impur ; qui voudroient les envelopper dans les réseaux du ridicule , dont, sans s'en appercevoir , elles se couvrent elles-mêmes & leurs discours qu'elles nomment *philosophie.* Leurs paroles s'envolent, les faits restent ; & l'Eternel à chaque instant se présentant aux yeux de l'homme étonné, sous des formes toujours plus nouvelles, toujours plus fenfibles, terraffe l'orgueil fous le poids de fon immenfité divine, & trouve par-tout des adorateurs.

Tout ce qui tient au culte eft facré pour notre raifon. Ces hommes vénérables qui fe font dévoués au fervice des autels, nous paroiffent dans leurs fonctions auguftes autant d'êtres d'une nature fupérieure à la nôtre : mais rentrés dans le monde, ils font Sujets de l'Etat ; & quelque vénération que leur caractere nous infpire encore, nous les voyons, ils fe voient eux-mêmes redevenus Citoyens ; & en cette qualité, fi respectable & fi glorieuse, obligés de partager les charges avec leurs Compatriotes.

Nous avons cru devoir ménager, quant à l'impôt, les Curés & les Vicaires à la fimple Congrue ; nous aurions même pensé qu'ils ne doivent rien du tout à l'Etat, de qui ils ne retirent que leur nécessaire, s'ils n'avoient pas un casuel qui les met à portée de payer une légere redevance.

Les Curés & les Vicaires sont chargés des parties les plus importantes du ministere ecclésiastique ; ceux qui sont les plus pauvres paroissent s'en acquitter avec plus de décence & de zele. Non contents de donner l'exemple de la résignation aux décrets de la Providence, ils consolent les infortunés de leur paroisse ; souvent même leur donnent des secours aux dépens de leurs besoins personnels. Ah ! sans doute si nous avons imposé cette respectable partie des Citoyens, c'est seulement parcequ'ils sont dans l'Etat ; & que dans la tranquillité de leur ministere, ils jouissent de la protection du Souverain. Sujets , ils doivent le tribut comme un témoignage de vaſſalité ; mais il convient que ce tribut ſoit léger , parce qu'ils peuvent peu , & que leurs devoirs ſont étendus.

Nous impoſons les autres Curés en raiſon de leur revenu , comme on le verra ci-après ; mais toujours proportionnellement moins que les Bénéficiers. Je comprends, ſous ce nom de Bénéficiers, depuis les ſimples Prébendiers juſqu'aux Prieurs , aux Abbés , même aux Evêques. (*Voyez le tableau page ſuivante*). Selon l'échelle de propreſſion , les Eccléſiaſtiques , paſſé un certain revenu , ſont taxés à tant pour livre de ce que produiſent leurs places ; de maniere que les premieres ſommes , plus rigoureuſement néceſſaires pour vivre , ſeroient ſinguliérement épargnées. L'on doit remarquer que les

ÉCHELLE DE PROGRESSION pour la Taxe sur les Bénéfices.

CURÉS.			VICAIRES.			BÉNÉFICIERS.		
Revenus montant par sommes.	A tant pour liv. augmenté progressivement.	Produit chaque année pour le Fisc.	Revenus montant par sommes.	A tant pour liv. augmenté progressivement.	Produit chaque année pour le Fisc.	Revenus montant par sommes.	A tant pour liv. augmenté progressivement.	Produit chaque année pour le Fisc.
I. 500 l.		3 l. 0 f.	I. 200 l.		1 l. 10 f.	I. 200 l.		3 l. 0 f.
II. 300	à 0 f. 9 d.	11 5	II. 200	à 0 f. 3 d.	2 10	II. 200	à 1 f. 0 d.	10 0
III. 200	à 1 0	10 0	III. 200	à 0 6	5 0	III. 200	à 1 3	12 10
IV. 200	à 1 3	12 10	IV. 200	à 0 9	7 10	IV. 200	à 1 6	15 0
V. 1,000	à 1 6	75 0	V. 200	à 1 0	10 0	V. 200	à 1 9	17 10
VI. 1,000	à 1 9	87 10	VI. 200	à 1 3	12 10	VI. 200	à 2 0	20 0
VII. 1,000	à 2 0	100 0	VII. 1,000	à 1 9	87 10	VII. 1,000	à 2 3	112 10
			VIII. 1,000	à 2 0	100 0	VIII. 1,000	à 2 6	125 0
			IX. 1,000	à 2 3	112 10	IX. 1,000	à 2 9	137 10
Total 4,200 l.		299 l. 5 f.	Total 4,200 l.		339 l. 0 f.	Total 4,200 l.		453 l. 0 f.

Curés, à revenu égal, paient moins que les autres ; enfuite les Vicaires.

Nous avons impofé feulement 3 liv. les Curés à la fimple Congrue : les Vicaires à 200 livres par an, ne paient que 30 fols : & les Bénéficiers, comme ils n'ont que peu ou point de charges, font taxés jufqu'à la pareille concurrence de 200 liv. à 3 liv. chaque année.

Les Curés montés de 500 à 800 liv. nous paroiffent encore avoir un revenu bien modique en raifon de l'état qu'ils font obligés de tenir, & des charités qu'ils ne peuvent fe difpenfer de faire. Nous n'avons donc impofé les premieres 300 liv. excédent de la fimple Congruë, qu'à 9 deniers annuellement pour chacune des livres qui les compofent : de maniere qu'un Curé qui auroit 600 livres de revenu, paieroit 3 livres pour les 500 livres, équivalent de la simple Congrue, & 9 den. par livre des 100 livres en sus. Passé 800 livres jusqu'à 1,200, notre échelle progressive va de 200 en 200 livres. Chaque livre des 200 qui complettent 1,000 livres, est imposée 3 deniers de plus que celles des 300 qui complettent 800 ; & les 200 livres, complément de 1,200, encore 3 deniers de plus que les 200 qui parachevoient un total de 1,000 livres. Ainsi en additionnant toutes ces sommes, comme on peut le faire sur l'échelle de progression, un Curé à 1,200 livres de revenu, donne chaque année au fisc 36 livres 15 sols.

Nous avons fait monter les Vicaires par sommes de 200 livres, depuis 200 livres d'honoraires jusqu'à 1,200 livres, afin que payant toujours peu proportionnément à ce qu'ils reçoivent chaque année, ils soient cependant toujours taxés un peu davantage que les Curés dont l'état semble exiger plus de ménagements.

La taxe des Bénéficiers marche aussi progressivement de 200 en 200 liv. depuis 200 liv. de revenus jusqu'à 1,200 : mais pour les premieres 200 livres taxées à tant pour livre, dont on a vu sur l'échelle que les Vicaires ne paient que 3 deniers, les Bénéficiers donneront 1 sols. En partant de ce point, leurs taxes, toujours en raison de leurs revenus, ne seroient jamais trop fortes : ils auroient peu, ils donneroient peu, mais plus qu'un Vicaire dont les travaux sont pénibles (a).

Afin que cette progression, si modi-

(a) L'on peut voir, par l'échelle de progression, la différence de la taxe des uns & des autres parvenus à 4,200 livres de revenu.

que

que en apparence, ne devienne pas onéreufe, une fois paffé 1,200 livres, nous
avons cru devoir augmenter de 1,000
en 1,000 livres, toujours en ajoutant à la taxe, par livre de la fomme
précédente, 3 deniers de plus à chaque
progreffion. L'on pourroit fuivre ainfi
jufqu'à 20,000 livres de revenu : mais
au-delà de cette fomme, il faudroit faire
payer aux Bénéficiers 4 fols pour livre
de leur revenu total ; ou bien, fi l'on
vouloit continuer à fe fervir de l'échelle
de progreffion, il faudroit monter par
fommes de 10,000 livres : car, à fuivre
fimplement de 1,000 en 1,000 livres,
la maffe totale du revenu à impofer fe
trouveroit abforbée à 75,000 livres ;
ainfi aucun Bénéfice n'excéderoit cette
fomme.

Lorfqu'un Eccléfiaftique, revêtu
d'un ou de plufieurs bénéfices qui lui

K

produiroient une rente totale de 800 livres, en acquerroit de nouveaux, il donneroit à l'Etat la premiere & la dixieme année du revenu de ces derniers; & en outre les mêmes années, sur les 800 livres qui lui resteroit, il seroit imposé selon l'échelle de progression : dans les années intermédiaires, on leveroit la taxe sur la totalité de sa rente, & non pas sur le produit en particulier de chaque bénéfice dont il auroit l'investiture. Un pareil impôt paroît dans l'intention de l'Eglise, & convient à la Police Civile qui veut que tous ceux qui ont embrassé un état puissent jouir des fruits.

Il est fort difficile de faire payer par tête les Moines, parcequ'ils n'ont rien en propre, ou qu'ils ont tort d'avoir. Il ne faut point troubler, par les visites des Collecteurs de deniers, la retraite dans laquelle les différentes regles les obligent à vivre. Il convient de s'en tenir à impoſer le revenu des Communautés d'hommes & de femmes, ſelon que, compoſées de plus ou moins de Religieux ou de Religieuſes, elles ſont plus ou moins riches. En effet il y a des Couvents nombreux qui ont un revenu moindre que d'autres qui ne ſont habités que par très peu de Sujets : le tant pour livre du revenu des premiers doit être moins fort que celui des autres, pour qu'il ſoit établi avec égalité.

Les Maiſons Religieuſes paieroient en outre les droits ſur les bâtiments, ſur les jardins d'agrément, ſur les Domeſtiques; mais leurs Domeſtiques,n'étant jamais de luxe, ſeroient tous taxés à 4 livres par tête comme Domeſtiques utiles (37).

K ij

Nous avons avancé qu'on peut impofer dès l'âge de seize ans les enfants mâles des Citoyens qui travaillent à la terre ; nous ne voyons point d'inconvénient à taxer au même âge ceux des Journaliers de Ville, parcequ'il n'eft pas douteux que le gain qu'ils peuvent faire alors le comporte.

Nous impofons auffi prefque tous les enfants des Artifans, par la capitation des Apprentifs : cependant, fans la modicité de la fomme, nous croirions cet impôt fujet à beaucoup de reftrictions. Mais il eft bien plus difficile de déterminer l'âge où doit commencer à payer le fils du Bourgeois, même celui de l'Artifan qui fe livre à l'étude des beaux arts ou des fciences relatives à certains états de la vie civile.

Un métier eft peu long à apprendre ; les sciences & les arts demandent plusieurs années d'étude : presque dès le commencement de son temps, l'Apprentif fait un travail dont il est possible de tirer parti ; tous les essais sont perdus dans les sciences & dans les arts. Les premiers traits du jeune Artiste sont loin d'offrir à son imagination un objet sur lequel il puisse méditer : long-temps il forme au hasard un contour que son intelligence n'a pas encore conçu. Combien de fois Raphaël, irrité contre une main indocile, brisa-t-il avec indignation ses crayons? combien d'années ce génie fier, cet homme qui préparoit tant d'étonnement à la postériré, n'a-t-il pas passées dans les entraves d'une étude pénible, avant qu'il fût un Artiste ordinaire (a)?

____

(a) Nous avons dit de taxer à seize ans les enfants mâles, parceque nous desirerions que

K iij

Notre raifon ne s'eft point diffimulé toutes ces difficultés. Si mille arguments ont prouvé à notre efprit que tous les enfants, à un certain âge, doivent le tribut, mille autres ont perfuadé le contraire à notre cœur fi facile à féduire par tout ce qui touche à l'humanité.

Né fimple & borné, nous ne craignons pas de montrer notre impuiffance lorfqu'elle *eft*, parceque nous fouhaitons le bien général, & que

les Citoyens fe décidaffent le plutôt poffible à ne plus être des membres oififs & inutiles : mais au refte la loi femble avoir déterminé à vingt-cinq ans, l'âge où peuvent être foumis à la taxe refpective, tant les enfants des Bourgeois que ceux des gens d'induftrie ; puifque les difpenfant avant cet âge de tout engagement onéreux, elle les y foumet lorfqu'ils font devenus majeurs : ils font donc alors légitimement obligés à payer le tribut.

notre gloire particuliere, que nous aimons pourtant , nous aveugle peu.
Nous avouons que débrouiller ce
chaos eſt au-deſſus de nos forces. Nous
n'imitons pas ces hommes vains qui
croient n'avoir rien fait s'ils n'ont tout
expliqué : toujours nous nous ſommes
méfié du ton qui décide ; il annonce
un parti formé , & non pas une diſ-
cuſſion raiſonnable. Enfin nous laiſſons
à fixer notre incertitude à l'égard de
la taxe dont il eſt ici queſtion. Nous
dirons pourtant qu'il convient d'épargner le pere de famille ; & qu'afin de
le décharger toujours davantage , il
paroît équitable de faire payer un
impôt particulier au Célibataire. Cet
impôt ſeroit relatif à ce que ce dernier,
n'ayant de conſommations à faire que
pour ſon individu, paie moins à l'E-
tat par les droits ſur ſes dépenſes for-

K iv

cées , que le pere de famille , qui en outre a fur lui l'avantage , fi précieux, d'avoir donné à l'humanité de nouveaux Êtres , & à l'Etat de nouveaux Citoyens.

―――――

A QUEL âge doit commencer à payer l'impôt une fille qui vit fous l'aile de fes parents ? Les fils d'un Journalier peuvent être à feize ans Journaliers comme leur pere ; mais il n'en eft pas de même de fes filles. Nos inftitutions civiles & l'éducation qu'on leur donne, ne comportent pas que jamais elles s'occupent de travaux bien lucratifs.

A la vérité , fi une fille foulage fa mere dans les détails du ménage , elle épargne à fa maifon un domeftique dont on auroit payé l'impôt : mais de ce qu'elle a la vertu de s'employer à tout , afin d'aider fes parents , ce n'eft pas une raifon pour l'impofer. Au fur-

plus, par-tout où il y a un peu d'aisance,
ce que fait une fille n'épargne pas même un domestique.

Aide-t-elle ses parents dans les occupations d'un commerce, le Gouvernement, assez satisfait de voir les mœurs
& l'union régner dans une famille, n'a
rien à lui demander : mais enfin, si,
hors de la maison paternelle, elle a
un état quelconque, une fortune dont
elle jouisse, elle paiera l'impôt par tête,
comme le paieroit un homme d'un état
pareil au sien, duquel elle tient la
place.

Il en sera de même d'une femme
veuve, & de celle qui auroit un état
particulier qui n'est point celui de son
mari, ou qui, ayant une fortune à
elle, vit séparée de lui.

L es femmes qui vivent avec leurs

maris ne nous paroissent en aucune maniere susceptibles d'être imposées pour leur propre tête : si l'on veut bien y réfléchir, l'on verra qu'elles le feront toujours par les taxes que paient les maris. Une femme, ou n'apporte point de dot, & alors la Capitation du mari ne peut être augmentée en raison de l'avantage qu'il a trouvé en prenant une épouse ; ou bien elle en apporte une, & dans ce cas les Corps, faisant la répartition, sauroient bien rappeller cet accroissement de fortune du mari, pour avoir occasion de le taxer plus.

EXEMPTIONS.

I.

LES vieillards, dans certaines classes de Citoyens, bien loin de devoir ou de pouvoir payer, ont befoin des fecours de l'Etat, & l'Etat les leur doit.

I I.

Tous ceux qui prouveroient n'avoir pas de quoi vivre fans le gain de leurs journées, pourroient être exemptés de la Capitation pour le temps d'une maladie longue de plus d'un mois.

I I I.

Les malades enregiftrés dans les hô-pitaux, étant vraifemblablement les plus miférables, feroient exempts pour fix mois après leur fortie de l'hôpital.

I V.

Un infirme qui prouveroit n'avoir pas au-delà de 1,000 livres de revenu, feroit exempt pour lui & pour fon do-meftique, ou fon fils, ou tel autre de fa famille, fujet à la taxe, qui en prendroit foin.

V.

Les Moines mendiants nous semblent devoir être exempts pour eux, leurs couvents & leurs domestiques; nous en avons dit la raison au commencement de cet Ouvrage. Au reste, comme plusieurs de ceux qui mendient ont pourtant quelques possessions, si elles sont assez considérables, il convient de les imposer à cet égard comme les autres Religieux.

VI.

L'on ne peut rien exiger non plus des Laïques qui mendient; mais l'Etat a droit de faire saisir ceux qui jouissant de leurs deux bras, ne s'en servent pas par fainéantise. Il peut aussi les condamner à une amende dont on les libéreroit en les faisant travailler simplement pour la vie & pour l'habillement, chez quelque Particulier, ou bien à des travaux publics. Une fois l'amende payée, leurs profits feroient entiérement à eux & ils feroient libres; s'ils s'enfuyoient avant ce temps, on les rameneroit au travail; en cas de récidive ou rebellion, on les emprifonneroit. Ainfi l'on détruiroit dans eux cette pareffe qui, par la faim, conduit fouvent au crime; on leur enfeigneroit à mériter de vivre (38).

VII.

Une femme, fujette à la taxe, qui nourrit fon propre enfant, mérite qu'on l'exempte de fa Capitation perfonnelle. Je ne fais pas même s'il ne feroit point à propos d'étendre cette exemption fur quelque individu, fujet à la taxe & attaché à une femme qui n'y feroit point foumife elle-même, afin d'encourager, autant qu'il eft poffible, une pratique si louable, si avantageuse à l'Etat, si favorable aux mœurs & si conforme à la nature (39).

VIII.

Les Soldats & les Officiers actuellement aux service, les personnes gagées ou appointées par le Gouvernement feroient aussi exempts, cette exemption pouvant être regardée comme partie des émoluments attachés aux places qu'ils exercent, émoluments que l'Etat est tenu de leur payer. Si l'on ne les exempte pas de la taxe, il faut la leur donner en augmentation de gages.

IX.

Un Noble qui auroit deux enfants au service mérite l'exemption ; ainsi que celui qui, ayant servi vingt ans, en auroit un seul qui serviroit actuellement (40).

Nous n'avons dit que bien peu de chose sur l'article des exemptions, & peut-être encore trouvera-t-on que nous nous sommes étendus au-delà des bornes convenables. Un Gouvernement sage sait bien distinguer ceux qui les méritent, & s'empresse de les leur accorder. Nous espérons pourtant qu'on ne nous saura pas mauvais gré d'avoir cherché à remplir notre tâche de Citoyen ami de l'humanité, & qu'on ne nous fera point un reproche d'avoir paru quelquefois être *homme*.

RÉCAPITULATION.

Nous avons prouvé la difficulté d'imposer les terres ; l'impossibilité de le faire dans une proportion juste ; l'inconvénient qui en résulte pour le Consommateur. Nous avons cherché une pratique d'impôt, où celui qui paie puisse sans gêne payer toujours ; où le luxe & la richesse soient obligés de fournir au fisc la majeure partie des sommes. En effet, que le riche possede des terres ; que le riche ait des contrats, un commerce ; cela devient indifférent pour le plan que je propose : ce sera toujours le riche qui paiera le plus, parcequ'on n'a de fortune que pour la dépenser ; celui même qui thésaurise sait bien qu'on n'en jouit pas autrement.

Nous

Nous nous fommes occupés des moyens par lefquels on pourroit parvenir à donner au Sujet cette liberté précieufe qui augmenté fon activité. Souvent , mais cependant le moins qu'il nous a été poffible , nous avons parlé de la police convenable aux divers objets. Tout eft fi étroitement lié dans l'adminiftration , toutes les parties ont une connexité fi intime, qu'on ne peut toucher une des cordes fans exciter dans les autres une certaine vibration.

Nous avons vu s'évanouir la chimere féduifante d'un impôt unique ; & il le falloit bien , puifqu'une partie des Citoyens pourroit éviter de le payer , & qu'alors l'autre partie feroit la feule qui auroit à fupporter les charges. Nous avons donc cru devoir étendre l'impôt fur les différentes branches , afin que fon poids n'en brifât aucune.

Ce n'étoit point affez ; il falloit trouver les moyens de retirer les taxes avec facilité , & avec le moins de frais poffible. Nous nous en fommes occupés.

Les Douanes ne fubfiftent plus dans l'intérieur du Royaume : placées fur les frontieres , elles y fervent en quelque forte de boulevard à l'induftrie nationale , contre les atteintes de celle des Etrangers. Fier de voir fes entraves brifées , le commerce marche d'une Province à l'autre avec cette affurance que donne la liberté. Les Citoyens pourront enfin fans contrainte fe procurer des fecours mutuels : fujets aux mêmes loix , leurs privileges & leurs charges feront par tout les mêmes.

L'on retire les droits fur les marchandifes , dans le lieu même où elles fe fabriquent. Des bureaux aux portes des villes, tels que ceux qui subsistent aujourd'hui pour les Octrois, perçoivent sur les denrées un droit fort modéré & proportionnel à leur degré de nécessité : dans les bourgs il seroit facile de le faire percevoir par des établissements semblables.

Les tailles n'effraient plus le Cultivateur ; les droits sur les objets de luxe, & l'imposition par tête les remplacent. Cette imposition est facile à fixer dans une juste proportion des fortunes, & aisée à recueillir par les moyens que nous avons indiqués.

Les Juges, les Baillis pourroient la recevoir dans les villages & les campagnes de leur district, (si on le jugeoit convenable pour diminuer les frais de perception), ou bien on la feroit recevoir par les notables du lieu. Enfin ,

quels que fuſſent les Receveurs particuliers de ces divers impôts, ils verſeroient les deniers dans les caiſſes générales de leur Province. Le Receveur
général compteroit tous les trois mois
directement avec le tréſor royal, ſoit
en numéraire demeuré dans la caiſſe,
ſoit en dépenſe par les ſommes qu'il
auroit délivrées ſur des ordres exprès
du Roi. Il renverroit ces ordres au
Contrôle général, avec les quittances
de ceux auxquels il auroit payé, pour
atteſter la ſincérité de ſon compte
quant à l'emploi de l'argent.

QUOIQUE nous n'ayons pas dit quelle
ſomme produiroient les impôts dont
nous avons parlé, il eſt aiſé de ſe convaincre qu'ils pourroient donner fort
au-dela de ce qu'on retire aujourd'hui.
Mais à quoi bon chercher un produit

ſi conſidérable ? les revenus d'un Etat doivent être en raiſon de ſes dépenſes ; car s'il a reçu plus qu'il ne rend, tout l'argent venant de lui, il aura tout à la fin. Il ne faut qu'un moyen facile & peu onéreux au public, pour percevoir le revenu néceſſaire.

Si le Gouvernement adoptoit un plan qui offrît des ſommes plus fortes que celles que les dépenſes de l'Etat exigent ; il s'occuperoit à diminuer les diverſes taxes, afin d'établir cet équilibre deſirable entre ce que le Sujet donne, & ce que l'Etat eſt contraint de dépenſer.

Mais avant de parvenir à une diminution auſſi ſalutaire, il eſt des pas terribles à franchir, la Nation doit s'y prêter. Il faut ſe délivrer de l'ancienne dette nationale ; & de celle que l'on contracteroit à l'exécution d'un plan d'adminiſtration, quel qu'il ſoit. Il eſt ſûr que toujours on propoſera, comme utile, de ſupprimer certaines charges, d'éteindre certains droits accordés à des villes ou à des particuliers comme un rembourſement des ſommes qu'ils ont avancées à l'Etat ; afin qu'au moyen de ces ſuppreſſions, par-tout dans le Royaume les Sujets étant égaux, ils ne doivent de redevance qu'au Souverain, & que dans la ſuite ils puiſſent aſpirer par leur mérite (& non pas par leur fortune) aux avantages que procurent les places & aux profits de l'induſtrie.

Mais enfin, nous l'avons dit, l'Etat ne peut plus rendre au Sujet cette liberté précieuſe, ſans faire des dépenſes que néceſſite la juſtice ; il ne le peut que ſucceſſivement, & le peuple eſt empreſſé de jouir.

Chers Concitoyens, c'eſt de votre bonheur dont le Gouvernement s'occupe ; chaque jour il fait un pas pénible dans cette carriere de gloire : laiſſez, laiſſez-lui le ſoin de votre félicité ; croyez qu'il ne retardera pas d'un inſtant le jour où il lui ſera poſſible de vous en faire jouir. Alors ayant déchargé le fiſc des intérêts qui le minent, il vous rendra avec tendreſſe une partie de l'impôt devenu trop conſidérable par l'économie de l'adminiſtration : peut-être trouvera-t-on dans les épargnes de la paix des ſommes ſuffiſantes pour la guerre ; ah ! du moins vous aurez appris à aimer la Patrie, & ſi dans ces temps malheureux l'Etat a beſoin de ſecours extraordinaires, vous accourrez, & avec confiance vous offrirez vos tréſors (41).

✤

AVERTISSEMENT
AU SUJET DES NOTES.

Nous avons porté toutes les Notes à la fin de cet Ouvrage , pour ne pas l'interrompre à chaque inftant par des réflexions qui quelquefois lui font affez étrangeres. Nous invitons à en faire de même , c'eft-à-dire , à ne point y avoir recours à mefure qu'on trouvera les chiffres de renvoi. Sans cette attention , il arriveroit que la longueur de quelques-unes de ces Notes feroit perdre de vue l'objet principal.

Pour la commodité du Lecteur , nous avons mis dans le courant de cet Ouvrage des chiffres de renvoi aux *Notes* ; & à chaque *Note*, le numéro de la page à laquelle elle se rapporte : ainsi il pourra avec facilité retourner des *Notes* au corps de l'Ouvrage.

NOTES.

(1.)

PAGE 7. L'IMPOSITION par tête eſt encore en partie une taxe ſur les denrées. Un Journalier, un Laboureur, un Cultivateur travaillent à la terre ; il faut que la vente de la denrée qui en eſt le produit, leur fourniſſe dequoi payer leur taxe : il faut de plus, vraiſemblablement, que la même vente paie le droit d'affranchiſſement du Propriétaire qui eſt devenu Conſommateur par ſon habitation de choix dans la Ville, où il payoit, *avec ſon revenu*, par ſes conſommations de toute eſpece, des droits dont le nouveau plan le décharge. C'eſt un point important à obſerver.

(2.)

Page 10. APRÈS avoir impoſé 3 livres par tête de Domeſtiques qui ne poſſedent rien, l'Auteur du Plan économique ſemble en demander 6 à ceux qui ont quelques poſſeſſions. Si c'eſt le Maître qui paie cet impôt, il gagnera 3 livres à ſe faire ſervir par des gens qui ne poſſedent rien du tout : mais peut-être le Maître n'aura-t-il que 3 livres à payer parcequ'il a un Domeſtique, & le Domeſtique 6 livres d'autre part parcequ'il a un petit héritage : ſi cet héritage ne lui rend chaque année que 25 livres, en ſe retirant dans la Ville pour chercher à vivre, attendu qu'il ne le pouvoit pas dans ſon pays, il l'aura affermé : paiera-t il pour ſon Fermier 18 livres ? s'il les paie, que gagnera-t-il par la précieuſe qualité d'*héritier* ?

(3.)

Page 15. Le Fermier fait payer ſa taxe par le Propriétaire, cela eſt inconteſtable : il la déduit, ou peut la déduire ſur le montant de ſon bail. Il ſera donc plus avantagé que le Journalier qui donne de ſa poche les 3 livres que l'on exige de lui. Cependant beaucoup de Fermiers ſont riches, & un Journalier n'a rien. N'eſt-il donc queſtion, quand on impoſe, que de trouver de l'argent ? Sans doute il faut autre choſe : il faut que la taxe ſoit en proportion de l'avoir de chacun ; & ſur-tout empêcher, autant qu'il eſt poſſible, qu'aucun des Sujets mette fur un autre fa propre charge : car le Pauvre eft expofé à recevoir celle d'autrui, & ne peut jamais rejetter la fienne fur perfonne.

Un Fermier ne feroit il pas tenu de payer, outre fa taxe de Fermier, comme Laboureur à une, deux ou trois charrues ; car enfin il l'eft ?

(4.)

Page 19. UNE Claffe toujours nombreufe dans un pays agréable & curieux ; une Claffe que l'Etat peut charger, dont la charge eft le profit le plus réel (celle fur les Régnicoles n'étant & ne devant être proprement qu'une circulation), c'eft la Claffe des Etrangers qui chaque jour arrivent dans l'Etat par toutes fes portes. Communément riches & toujours regardant peu aux dépenfes dans des voyages de pur agrément, ils portent aujourd'hui un tribut confidérable dans les fantaifies qu'ils s'empreffent de contenter. Ce tribut eft double ; c'eft d'une part le profit des Marchands, & de l'autre les droits du Roi fur les objets qu'ils achettent.

Le nouveau plan d'impoſition ne nuit pas beaucoup à la premiere partie de ce tribut : mais il décharge les Etrangers entierement, ou preſque entierement, de la ſeconde; puiſqu'il remplace les taxes ſur les fantaiſies, par un droit d'affranchiſſement que l'Etranger ne paie pas; par 4 ſols pour livre du produit des terres qu'il ne paie pas non plus, à moins qu'il n'y contribue par l'enchériſſement auquel cet impôt pourroit faire parvenir la denrée : après tout, l'Etranger ne feroit que partager avec le Citoyen, car il ne faut pas plus de denrées pour nourrir un homme que pour en nourrir un autre : alors nous aurions ſemé une partie du grain pour alimenter *gratis* celui qui vient nous viſiter : il eſt des cas où cela pourroit être louable.

Au reſte l'Auteur auroit dû parler de la capitation des Hôtels garnis ; ils ſervent de logement à l'Etranger, & l'on peut par ce moyen retirer de lui quelque choſe : mais l'Etranger la paie dans le ſyſtême actuel ; & le National en paiera la plus forte partie, dans tous les temps.

(5.)

Page 23. Un autre endroit du même livre, m'offre ces paroles : » si la taxe porte sur les » denrées de premier besoin, c'est le comble » de la cruauté «. Qu'appelle t on donc *la taxe sur ia terre ?* si ce n'est point une *taxe qui porte sur les denrées de premier besoin ,* je n entends plus le langage de ma Patrie ; car je ne sais pas la définir autrement.

Je remarque, en parcourant le même ouvrage , beaucoup de pompeux propos Philosophiques. Je souhaiterois de bon cœur que l'on réservât la Philosophie pour la pratiquer, & que lorsqu'il est question de discuter, l'on s'en tînt à la Logique, fusse la Logique la plus séche. L'on s'égare souvent en se livrant à l'enthousiame de l'esprit : en voici une preuve.

A la suite de la phrase que je viens de transcrire, on lit ces mots : » avant toutes les loix » sociales, l'homme avoit le droit de subsister. » L'a t-il perdu par l'établissement des loix : » survendre au Peuple les fruits de la terre, » c'est les lui ravir ; c'est attaquer le principe

» de son existence, que de lui ravir, par un
» impôt, les moyens naturels de la conser-
» ver. En pressurant la subsistance de l'indi-
» gent, l'Etat lui ôte les forces avec les ali-
» ment ; d'un homme pauvre, il en fait un
» mendiant ; d'un travailleur, un oisif ; c'est-
» à-dire, qu'il conduit un famélique à l'é-
» chaffaud par la misere «.

Qui croiroit jamais que cela est tiré du
même Chapitre que le passage que j'ai cité
dans le corps de mon ouvrage ? Peut-on détruire son principe d'une maniere plus for-
melle ? Qu'est ce que l'Auteur auroit dit de
plus fort s'il eût voulu appuyer mon opinion ?

(6.)

Page 31. Rien n'est plus inégal que la
dîme, *impôt unique :* par son moyen les Pauvres paient beaucoup, & les Riches peu ; puisqu'ils paient également pour une somme pareille de récolte, & non pas en proportion de
leurs fortunes.

Supposons deux individus, dont l'un retire de sa terre 500 livres, année commune, &
l'autre

l'autre 1,000 livres, tous les deux soumis au dixieme; celui de 500 livres a 50 livres à donner au Roi, & celui de 1,000 livres, donne 100 livres. Mais s'il faut 300 livres pour la nourriture absolue de celui qui n'a que 500 livres, il n'en faut pas davantage pour la nourriture absolue de celui qui en a 1,000 : ainsi celui de 500 livres est obligé d'ôter de son revenu 350 livres, & celui de 1,000 livres n'en ôte que 400. 400 livres font quatre dixiemes de sa rente totale, & 350 livres font sept dixiemes de la rente de l'homme à 500 livres : il ne reste donc à celui-ci que 150 livres pour satisfaire certaines fantaisies, qui par malheur font devenues besoin, & pour accroître sa fortune par ses économies ; & il reste à l'autre 600 livres. L'on voit par ce calcul que la dîme qui paroît être si fort en proportion des fortunes, ne l'est pas du tout (a).

(a) Nous avons mis en parallele deux individus qui tous les deux ont de quoi vivre; mais si l'un des deux n'avoit pas suffisamment, quel effet auroit sur lui la dîme ?

M

Nous venons de parler de deux hommes habitant la même Province ; car les Economistes qui ont proposé de lever la dîme de la récolte, ont bien senti que ce qu'ils appellent la dîme, ne peut pas être dans toutes les Provinces le dixieme des récoltes : ici ce seroit le dixieme, mais là ce seroit le vingtieme, ailleurs le trentieme & peut-être le quarantieme. Il reste à savoir si, avec cette modération nécessaire, le revenu de l'Etat seroit bien aussi considérable qu'ils le pensent. Nous pourrions joindre ici un calcul qui en feroit douter, s'il ne prouvoit le contraire : mais il n'y a pas moyen de tout dire.

L'avis de ceux qui conseillent la dîme, est qu'on l'afferme ; ainsi nous voilà retombés dans le système des Fermes. Il est inutile, je crois, de répéter encore ce que nous avons dit après tant d'autres, c'est qu'elles coûtent fort cher aux Citoyens : celles-ci coûteront plus qu'aucune autre, par rapport à l'incertitude du produit. D'ailleurs il faudra redresser les injustices de ces Fermiers qui, sous prétexte qu'ils déciment pour le Roi, enleveront le meilleur de la récolte ; car peut-on être sûr de la bonne foi de cette quantité de gens ? (*a*).

Formera-t-on plusieurs baux particuliers, dont chacun comprendra une seule Paroisse, & les renouvellera-t-on chaque année ? toujours ils seront à bas prix. Le Fermier qui sait les accidents qui menacent les récoltes, craindra d'offrir une forte somme d'une dîme dont le produit est si douteux : il le craindra sur-tout si les baux se renouvellent chaque anné ; car alors il n'auroit point l'espoir d'être remboursé, dans la suite du terme, des pertes d'une premiere récolte. En les réunissant en ferme générale, combien en coûtera-t-il par les frais de régie qui, dans les grandes opérations, sont toujours peu ménagés?

______

(*a*) Néron, dans ses beaux jours, fit une Ordonnance bien sage ; il voulut qu'on reçût à toute heure les plaintes contre les Collecteurs de deniers publics, & qu'on en décidât sur-le-champ. Il n'y a pas de Pays où l'on reçoive des deniers pour le Gouvernement, auquel un pareil Réglement ne fût fort utile.

M ij

(7.)

Page 40. QUAND un Pays comme l'Auvergne ne récolte que des grains, l'impôt sur les charrues lui doit être exceffivement onéreux : tandis qu'un Pays de vignobles, dont le revenu eft plus confidérable ; & un Pays de prés & de bois, dont la récolte, plus affurée, eft encore moins fatiguante, n'auroient rien à payer.

(8.)

Page 45. EN divifant 30 mille livres en 15 cents parties égales, le Banquier en paie dix-neuf : ainfi pour chaque 1,500 livres de fon revenu, il paie 19 livres ; & pour 10,000 livres, il paie 126 livres 13 fols 4 deniers.

La rente de l'homme à 10 mille livres étant divifée en deux mille cinq cents parties égales, il en donne fix cents trois ; donc, pour 2,500 livres de fon revenu, il paie 603 livres ; & pour 10,000, il paie 2,412 livres comme nous l'avons dit.

Cependant fi la fortune de ce dernier eft auffi bornée, s'il n'a de capitaux qu'en terres, c'eft peut-être que fes aïeux ont facrifié à la

gloire ; & qu'en fe dévouant au fervice de
leur Patrie, ils ont, pour ainſi dire, obſtrué les
canaux qui pouvoient conduire la richeſſe
dans leur maiſon. Si ces hommes généreux ont
préféré la ſatisfaction de ſervir leur Patrie,
à l'eſpoir ſi naturel d'augmenter leur bien
être ; ſi même, en ſuivant l'honneur, ils ont
reſſeré leur patrimoine ; n'auroient-ils laiſſé
à leurs deſcendants une fortune médiocre,
que pour qu'ils viſſent les impôts leur en enlever encore une partie conſidérable ? non
ſans doute : dans leur enthouſiaſme patriotique, l'Etat a dû les préſerver contre leur propre générofité ; il doit encore aujourd'hui ménager les débris d'un héritage reſpectable.
Celui qui le poſſéde ne demandera jamais d'être épargné aux dépens des autres,
mais du moins on ne doit pas le charger
plus.

Je fuis loin de regarder un Banquier comme un homme indifférent pour l'Etat ; je le
crois utile , ſa fortune ne doit exciter ni hai-
ne , ni jalouſie : s'il la poſſede , il ſe l'eſt ac-

quife par des travaux utiles : mais enfin, s'il a bien mérité de la Patrie, il s'eft enrichi dans fon fein.

(9)

Page 46. » En temps de guerre, dit l'Auteur » du Plan économique, il feroit *très poffible* de » mettre *fimplement* le fol pour livres fur cha- » que impofition pour la premiere année ; » & les années fuivantes, fix deniers d'aug- » mentation par chaque année jufqu'à la paix ; » alors le fol pour livres & les fix deniers s'é- » teindroient par chaque année de paix , » comme ils fe feroient accrus par année de » guerre (a) «.

Si un pareil impôt fe fût perçu à Rome dans les derniers temps de la République & fous le regne des Empereurs, les Soldats Romains retournant triomphants dans leur Patrie , après avoir étendu fa domination fur prefque la moitié du Globle , n'auroient point retrouvé de patrimoines. Toutes les fois qu'on

------

(a) Voyez le Plan d'impofition économique de M. Richard des Glannieres , page 34, édition in-4°.

fait la guerre, l'on ne fait pas des conquêtes.

Ne décidons pas cependant aussi légérement : est-ce 5 sols au lieu de 4 que les terres payeront la premiere année d'une guerre ? Cela est bien fort : ou bien retirera-t on seulement le sol par livre de 846 millions, somme où doit monter le revenu de l'Etat selon le plan économique (*a*) ? Ce sera quelquefois bien peu. A la vérité l'auteur, *en réunissant* à cette somme produite par les *deux* droits *uniques* qu'il propose, *le produit de la Ferme des Postes, celui du Contrôle, les Forêts & Domaines du Roi, les droits sur la marque de l'or, de l'argent & les monnoies*, promet qu'il double au moins le revenu. C'est 1,692 millions qui, chaque année, entreroient dans le trésor du fisc (*b*) : alors les places des soixante-huit Régisseurs, à plus de 300, 000 liv. d'*honoraires*, seront avec raison recherchées (*c*).

(*a*) Voyez le Plan économique de M. Richard, page 32, édition in-4°.

(*b*) Voyez le même Ouvrage, même page.

(*c*) *Idem.*

M iv

Mais fi l'Etat fe contente de retirer environ 400 millions ; en prenant le fol pour livre fur le produit de l'impôt , on n'aura que
20 millions pour une premiere année de
guerre , & 10 millions pour chaque année
fuivante : pour certaines circonftances , ce ne
fera affurément pas affez On fera perfuadé
de ce que j'avance , fi l'on fait attention aux
obfervations qui fuivent.

Un vaiffeau de 100 canons coûte au moins,
calcul fait fur différents états de fabrications,
616, 586 livres pour frais de conftruction ,
garniture , rechange & armement , fans y
comprendre les provifions néceffaires ; & un
vaiffeau , à fuppofer qu'il n'éprouve aucun
dommage extraordinaire , ne dure guere au-
delà de vingt ans.

Ce n'eft pas tout qu'avoir des vaiffeaux
armés dans les ports , il faut les envoyer en
mer ; là les dépenfes font exceffives. L'entretien d'une flotte de 30 vaiffeaux , dont
cinq de 60 canons, cinq de 40 , cinq de 56 ,
cinq de 20 & les autres moindres , montés
de 7, 900 hommes , coûtoit par mois en l'an-

née 1762 , aux Hollandois , 284,400 flo-
rins (*a*).

La guerre qui précéda la paix d'Utrecht
dura onze ans , & coûta à l'Angleterre
1,337,749 livres sterling (*b*) : celle de
1740 dura dix ans , elle a coûté 3,110,426
livres sterling (*c*) : celle de 1756 a occasionné , en six ans , une dépense de 3,555,850
livres sterling (*d*).

Tout cela démontre que *le sol pour livres,*
&c. seroit souvent trop , mais quelquefois
trop peu ; & qu'il est impossible de déterminer d'avance les secours nécessaires à l'État,
dans les circonstances orageuses Si la guerre
se fait au loin , il faut des subsides prodi-
gieux ; plus la guerre dure , plus l'on est

(*a*) Environ 607,905 livres argent de France , ce seroit par an 7,294,800 livres de France ; & il n'est question que de l'entretien d'une flotte en mer.

(*b*) Environ 30,767,767 livres de France.

(*c*) Environ 71,539,798 livres de France.

(*d*) Environ 81,734,550 livres , monnoie de France : c'est une dépense de 13,630,758 livres 6 sols 8
deniers , monnoie de France , pour chaque année.

obligé d'augmenter les taxes, bien loin qu'il foit poffible de les diminuer de moitié dès la feconde année : mais fi la guerre fe fait dans le pays même, les fubfides, fixés de manière à pouvoir fournir aux frais d'une guerre lointaine, feront certainement trop forts.

La paix faite, il nous paroît que les levées extraordinaires peuvent & doivent être anéanties plus rapidement que ne le demande l'auteur du plan économique. Il nous femble auffi qu'il feroit fage pour un Etat d'éviter de contracter des dettes, à l'effet de fubvenir aux frais d'une guerre. Il ne faut pas accabler les générations à venir, des charges de la génération préfente : chaque fiecle doit porter les fiennes, & non les faire porter à celui qui fuit. Les peres font libres, fans doute, de comprimer leur bien être ; mais il n'eft pas paternel d'arranger leurs affaires de maniere que leurs enfants foient encore plus gênés qu'eux, pour chofes auxquelles ils n'ont pu avoir aucune part (*a*).

____

(*a*) Il ne faut pas croire pourtant que toutes les dettes foient également nuifibles pour un Etat : la fa-

(10.)

Page 53. N o u s pourrions encore offrir en preuve ce qui eft arrivé à Venife. Cette ville, autrefois le port le plus brillant de l'Europe, avoit élevé fon commerce fur la ruine de celui des Grecs dégénérés par le defpotifme & l'indolence (a). Maîtreffe des productions de l'Inde, toutes les nations de l'Europe alloient chez elle les échanger contre leur or. Elle oublia que le commerce avoit quitté les Grecs pour venir à elle ; & regardoit, avec complaifance, ce golfe toujours couvert de Facteurs étrangers. Ses tréfors l'égaloient aux plus vaftes Etats de l'Europe ; fes intérêts fembloient être ceux de toutes les nations. La fortune des particuliers devenue une reffource néceffaire pour le Gouverne-

---

çon d'emprunter peut quelquefois rendre les emprunts avantageux, en augmentant la circulation, en multipliant le numéraire, ou, pour mieux dire, les fignes repréfentatifs, & en rendant en quelque forte les monnoies même, objet de commerce.

(a) L'indolence eft toujours la caufe ou l'effet du defpotifme.

ment, tenoit alors la balance en équilibre entre les grands & le peuple. Mais, en 1497, Vasco de Gama, envoyé par le Roi de Portugal, parvint aux Indes en doublant le cap des tempêtes (*a*) : bientôt ce fût chez les Portugais qu'on allât chercher les richesses de l'Asie, que les Hollandois ne tarderent pas de s'approprier à leur tour.

Venise cependant vit évanouir sa fortune & ses espérances. Dans sa splendeur, elle avoit négligé de maintenir, sur le continent, des possessions où elle auroit pu former des cultures. Obligée de nourrir ses artisans avec des denrées qu'elle achetoit à l'étranger, ses manufactures furent bientôt imitées à moins de frais ; leur chute suivit de près celle de son commerce : les beaux arts même, que la prospérité avoit attirés dans son sein, s'éloignerent en même temps. Elle vit son golfe abandonné ; il ne lui resta de son ancienne grandeur que quelques vaines cérémonies ; l'or du peuple se consuma ; les Grands re-

____

(*a*) Aujourd'hui nommé **Cap de Bonne-Espérance.**

prirent leur orgueil ; & le defpotifme le plus abfurde, où des loix belles en apparence devoient conduire, s'appefantit fur cette ville fi floriffante autrefois.

Depuis cette époque, Venife femble ne fe foutenir encore que par la rigidité de fon gouvernement, & par une induftrieufe magie. (*Voyez le commencement de la note* 41.)

(11.)

Page 54. DEPUIS tous ces changements, l'Angleterre a fupprimé les pieces d'or de Portugal qu'elle prenoit à un change trop haut. Elle a jetté dans le commerce, beaucoup de monnoies d'argent qui y circulent à la place des guinées dont le poids étoit altéré : plufieurs particuliers ont effuyé une perte confidérable à cette occafion.

Une grande partie des guinées qui paffoient chez l'étranger, y étoient converties en lingots ; l'avantage étoit affuré, parceque le titre en eft bon. Celles qui retournoient en Angleterre, forties avec le poids, n'y rentroient que fort allégées par la lime, ou par d'autres moyens (*a*).

Il y a peu d'années qu'à peine l'on voyoit dans Londres quelques pieces d'argent, & l'on y trouvoit confidérablement de monnoie d'or: aujourd'hui c'eft le contraire ; l'or cependant n'y eft pas encore très rare, mais l'argent y eft fort commun. Avec ce changement, l'Angleterre peut fe flatter d'avoir trouvé le véritable moyen de retenir fon numéraire : car jamais l'on n'aura un grand avantage à exporter de la monnoie d'argent ; le commerce des grandes Indes eft prefque le feul qui demande ce métal. D'ailleurs une fomme confidérable en monnoies d'argent forme un fi gros volume, qu'on ne peut que difficilement la fouftraire à la vigilance du Gouvernement.

Les terres font fi fort chargées en Angleterre, que fans le favorable ufage qui fait reporter, par les Seigneurs, le numéraire dans les campagnes ; fans l'attention de n'admettre pour repréfentants différentes *libertés* qui i

____

(*a*) La Guinée eft du poids de 156 grains, & au titre de 22 karats.

compofent l'Etat, que des perfonnes qui ont, en fonds de terres un certain revenu ; fans plufieurs réglements favorables à l'Agriculture ; Londres, peut être la ville du monde la plus commerçante, eût dès long temps englouti les Provinces. Avec tout cela, la dette nationale eft exorbitante chez les Anglois ; les taxes y font portées au taux le plus fort : & le commerce leur reftera-t-il toujours ?

(1 2.)

Page 57. Ce qui nous rend le commerce néceffaire, c'eft que nos voifins le font ; auffi faut-il bien fe garder de le laiffer aller en décadence. N'imitons pas les Portugais qui, pour l'avoir trop négligé, ont, pour ainfi dire, été contraints d'abandonner aux Anglois leurs poffeffions d'Amérique. Ce font eux qui leur apportent les richeffes du Brefil ; ce font eux qui leur fourniffent des étoffes, des objets de fantaifie & de befoin. Peut-être les Portugais n'ont-ils pas été les maîtres de retenir le commerce ; un changement pareil tient à tant de circonftances !

(14.)

Page 67. L o i n de moi cette affreuſe maxime qui veut qu'on écraſe le Laboureur, dans la crainte qu'il ne néglige ſa culture lorſque vivant, à l'aiſe, il n'auroit plus beſoin de vendre ſa denrée pour payer le Roi. Je connois trop la cupidité humaine pour le croire : d'ailleurs ſi l'homme étoit aſſez méchant pour détruire les productions, ou aſſez indolent pour ſacrifier à l'oiſiveté, la loi y pourvoiroit ; le méchant ſeroit puni, & du moins l'honnête homme jouiroit en paix.

Un propriétaire qui, a parmi ſes poſſeſſions, des friches inutiles, qui ne ſervent point de paturages au menu bétail, & que par négligence il laiſſe ſans les mettre en valeur, doit les perdre. Elles ne ſont plus à lui, elles appartiennent à l'Etat qu'il fruſtre, par ſa deſtructive indolence, des productions qu'elles auroient données, ſi elles euſſent été dans des mains plus laborieuſes.

Ainſi, après le laps de temps néceſſaire pour le défrichement, tout particulier qui, ſans raiſons valables, auroit négligé une partie

de fes terres, verroit paffer les arpents in-
cultivés au pouvoit de l'Etat, qui en difpo-
feroit en faveur d'un Citoyen plus actif. Si
dans ce cas, l'Etat exigeoit une redevance,
elle devroit être la dîme des récoltes : car,
à n'éxiger qu'une fomme fixe chaque année, il fe trouveroit dans la fuite des temps,
les monnoies & le prix des chofes ayant
effuyé différentes variations, que ceux qui
tiendroient ces fonds de terres à conftitutions
de rentes, pourroient n'avoir à payer chaque année au Gouvernement qu'une fomme bien modique. Au refte les domaines de
la Couronne ne doivent être aliénés qu'a-
vec les plus grands ménagements, & jamais que pour un temps limité.

Que fi l'on craignoit, pour revenir à l'objet dont il étoit queftion au commencement
de cette note, que le payfan n'étant plus
forcé de vendre par le befoin, tienne fa
denrée à un prix exceffif ; je répondrois que
la concurrence l'en empêchera toujours :
qu'au furplus les poffeffeurs des fonds par-

tageant, pour la plupart, les productions en nature avec ceux par qui ils font cultiver, font obligés de vendre, parcequ'ils habitent la ville où la denrée ne leur suffit pas : ainsi ils feroient forcément baisser le prix établi par cette impossible confédération.

(15.)

Page 75. En effet le pain est une source éternelle d'inquiétude pour le peuple : sans cesse l'autorité est obligée d'intervenir entre les Boulangers & lui. Il n'est gueres possible de laisser à la concurrence fixer le prix du pain au rabais ; il faut que la police elle-même l'établisse, afin d'empêcher les tromperies des Boulangers, & encore plus pour garantir de la fureur du peuple, ceux auxquels de mauvaises spéculations ne permettroient pas de le donner au plus bas prix.

Ce soin nécessaire le fait toujours vendre au taux le plus fort : il assure la fortune des Boulangers ; car cette fixation ne peut se faire à leur perte. Il faut que la police les voie remboursés, par le produit de leur vente, de

la valeur du grain , des frais de boulangerie
& de leurs dépenses personnelles : ce ne
peut être qu'en raison de ces diverses sommes que l'on détermine le prix du pain. Ceux
qui avoient fait des amas quand le grain étoit
à bon marché , y gagnent beaucoup ; les autres moins , mais il faut qu'ils y gagnent.
Ainsi le peuple lui-même , par sa frénésie im-
bécille , empêche qu'on ne prenne des arrangements qui pourroient lui être avantageux.
La sottise écoute froidement la raison , sans
l'entendre ; l'applaudit , & brise ce qu'elle
lui avoit dit d'épargner.

Les Boulangers de Paris ont une rubrique
avantageuse à leur fortune. Ils ont mis en
vogue les pains de quatre livres qu'ils four-
nissent sans peser : ils savent bien que le
poids n'y est pas ; car ils vendent la livre pe-
sée , six deniers de plus , ce qui est beaucoup
trop fort , d'autant que cette agmentation
porte sur-tout sur celui qui n'a pas assez d'argent pour acheter à la fois quatre livres de
pain.

La tombée de la balance au poids de détail

ne peut emporter fuffifamment , pour que fur quatre livres de pain , à vendre en quatre pefées , il y ait une différence d'environ dix onces dont le Boulanger pourroit être fruftré (*a*) : s'il ne fait pas pefer , tant pis pour lui. A vendre par demi-livres , le Boulanger gagne encore plus , il vend le pain à raifon de 3 fols 6 deniers la livre , vraifemblablement par rapport au denier *fort* , qui eft le feul avantage qu'on doive lui accorder au poids de détail.

L'on peut exiger, à la vérité, que les pains de quatre livres foient **pefés** ; mais s'il n'y manque que deux onces, on le paffe au Boulanger, fous le prétexte du déchet de la cuiffon. Je n'en vois pas la néceffité : dans toutes les provinces, il eft tenu de fournir le poids jufte, il pefe fes pains ; s'il y a du furplus , l'acheteur lui en tient compte , s'il manque quelque chofe , on ajoute un morceau de pain dans la balance.

Les Bouchers ont une pratique non moins

(*a*) Ce calcul eft fait , le prix du pain de quatre livres étant 11 fols.

vicieuſe; le prix de la viande fixé à 8 ſols la livre, ils en prennent 9 & même 10 des bourgeois qui déſirent d'avoir des morceaux choiſis. Par là le pauvre, qui ne peut donner que 8 ſols, eſt toujours mal ſervi : cependant il a autant beſoin de bon bouillon que le riche ; & le poids des os, qu'on ne lui épargne pas, nuit à la ſtricte économie qui le fait ſubſiſter. Jamais l'on ne parviendra à empêcher cette manœuvre ; ſi, ayant fixé le prix avec juſtice, on ne punit pas en même temps, & le Boucher qui prend au-delà, & le Bourgeois qui le lui donne. L'avantage de la pratique du riche ſera toujours un motif aſſez puiſſant, pour le faire ſervir mieux que le pauvre.

Dans quelques marchés de poiſſons, l'on obſerve un reglement, qu'il eſt fâcheux qu'on ne puiſſe pas employer pour toutes les denrées. Les premiers marchands qui étalent demandent un prix de leurs poiſſons & ſe mettent à les vendre, juſqu'à ce qu'un autre vendeur fe préfente qui demande moins qu'eux : alors ils font obligés de cefler leur vente, jufqu'à ce que celui-ci ait fini la fienne (*a*).

(16.)

Page 84. En établissant les douanes frontieres , il ne faudroit pas tomber dans le défaut qu'a, fur ce point, la régie des Fermes générales. Les Commis des bureaux fitués aux portes du Royaume, y font placés fans choix : ils n'ont nul efpoir de parvenir auxplaces lucratives qui font, fort inutilement, accumulées dans l'intérieur : leur vie eft fi fort expofée, leurs appointements font fi minces, qu'il faut qu'ils foient bien honnêtes, pour ne point fe laiffer tenter par l'argent que les fraudeurs ne manquent pas d'offrir.

(*a*) L'on dit qu'à Venife l'on jette à la mer tout le poiffon qui n'eft pas vendu à une certaine heure de la journée : par cette police, les Vendeurs, pour fe débarraffer, font forcés de baiffer le prix : mais il vaudroit mieux diftribuer le poiffon aux Pauvres, que de le jetter à la mer.

Nous avons dit qu'on doit détruire les objets prohibés qu'on faisit ; parceque, sans cette précaution, l'on aura toujours mille moyens pour éluder la loi.

(17.)

Page 85. LA MISERE conduit souvent au crime ; mais l'opinion n'ayant pas taché d'infamie ceux qui font la contrebande, c'est sur-tout de ce côté que se retournent des infortunés qui, s'ils avoient eu de l'aisance, auroient été des gens d'honneur. Ce premier pas franchi, la plupart perdent de vue les salutaires principes ; le métier de contrebandier devient souvent une école d'où l'on parvient aux forfaits.

Des Ordonnances surprises à la facilité de l'administration, ont confondu deux sortes de contrebandes bien différentes.

Par un rafinement d'inconséquence & de cupidité, les Gabelles forcent les Habitants de quelques Provinces à se munir d'une certaine quantité de sel, sous prétexte qu'elle est nécessaire à leur consommation. L'on doit s’attendre que les malheureux qui en font chargés au-delà de ce qu’il leur faut, chercheront à fe débarraffer, même à perte, de ce qu’ils ont de trop ; & que les Pauvres des Provinces voifines, où le fel n’eft pas forcé, en achetteront, par économie, quelques livres.

L’on y a pourvu ; les Commis font multipliés fur les confins de ces Provinces : les nuances du fel, fervent de remarque aux Prépofés des Fermes. Si un malheureux eft trouvé muni d’une livre de fel pour fon propre ufage, il eft pourfuivi avec une rigueur indécente. Pour fon ufage, l’on paffe à un Particulier une certaine fomme des objets les plus prohibés, des objets qui méritent le plus de l’être, qui font le moins utiles ; & du fel, denrée néceffaire, on ne lui pafferoit pas un grain. Par-tout les Gabelles femblent engager à cette malverfation : la différence du prix du fel dans deux Provinces limitrophes, pouffe fans ceffe les Habitants de l’une à aller fe munir dans l’autre.

Cette forte de contrebande porte un foible dommage aux droits du Roi, & ne nuit prefque à aucun Citoyen. Il en eſt une autre que l'on confond toujours avec elle , bien plus eſſentielle pour l'Etat, bien plus avantageuſe pour le Contrebandier ; c'eſt celle ſur les marchandiſes. Elle nuit en même-temps aux droits légitimes du Souverain, & à l'honnête Marchand qui , exact à payer les droits, ne peut donner ſa marchandiſe à auſſi bas prix que celui qui les a fraudés : elle nuit à tous les Citoyens ; car elle oblige à répartir ſur eux, le vuide que font chaque année, pour le fiſc , les ſommes dont elle le fruſtre.

Cette contrebande eſt un crime , elle eſt un vol public qui doit être puni avec ſévérité : l'infamie doit accompagner ſes fauteurs ; ce n'eſt pas le beſoin qui les a provoqués.

Pourquoi attendre de l'incertitude d'une ſaiſie , la conviction d'un crime avéré ſans elle ? Pourquoi la juſtice ordinaire ne ſéviroit-elle pas contre un homme véhémentement ſoupçonné d'avoir fraudé ? Pourquoi ne ſe permettroit-elle pas des informations contre l'Habitant des Villes qui en eſt accuſé ? N'y a-t-il que l'homme ſans aſyle qu'on doive punir !

Quoi, un Citadin, un riche Marchand, vendra publiquement des étoffes dont on fait bien qu'il a fraudé le droit, & le Magistrat garderoit le silence ! Si l'on attend l'événement d'une saisie pour le convaincre, peut-être jamais l'on n'y parviendra ; car le malheureux qui transporte, ignore souvent pour qui il agit : d'ailleurs sa confession est d'un poid léger, contre l'homme riche qui nie.

Un Tribunal grave, les Juges de la Nation ne se le permettroient pas, & les Gardes des Fermes oseront troubler l'asyle d'un Citoyen! Ils soupçonnent qu'il a chez lui quelques livres de tabac qu'un ennemi, son délateur, y aura glissées ; & sur un simple procès-verbal, fait à la hâte, dressé par la partie intéressée, on décrete; on punit : le désespoir frappe un infortuné, le deuil & l'opprobre couvrent sa famille.

Hommes justes, songez y bien, c'est un Citoyen, c'est un frere qu'un Arrêt rendu si légérement va condamner à l'infamie ; car par une bisarrerie de l'opinion, l'infamie, que le Contrebandier avéré n'éprouvoit pas tant

qu'il fût libre, tombe avec acharnement fur
fur celui qu'un Arrêt a flétri : même innocent & plaint, on le fuit ; & l'opinion le
marque encore de la tache du deshonneur.

Avant de rendre un Arrêt dont les fuites
font fi terribles, la Juftice, effrayée, fufpend
vingt fois fa balance : le fage Magiftrat veut
fe mettre à l'abri du remors ; fa louable ti-
midité le fait fe méfier de lui-même, il craint
tout ce qui l'environne ; il écoute, il pefe
péniblement les apparences, il calcule dans
fon cœur : long-temps fes yeux appellent vai-
nement le fommeil ; & lorfque fa raifon eft
convaincue, il frémit encore en prononçant.

Le Tribunal des Fermes a des maximes
bien plus promptes ; un fimple procès-verbal
eft pour lui une conviction.

En matiere criminelle, fur-tout, un procès verbal ne peut être qu'un commencement de preuve par écrit : il laiffe admettre
les preuves teftimoniales ; & la dépofition
d'une partie intéreffée eft tout au moins fuf-
pecte. En matiere des Fermes, l'Accufé n'a
que la voie de l'*infcription de faux*, reffource toujours difficile dans la pratique.

Nous ne defaprouvons rien ici , que ce qu'un Magiftrat citoyen , dont les lumieres & l'intégrité font connues , femble lui même avoir defaprouvé dans un tribunal ; lorfque fe défiant *d'une maxime en vertu de laquelle on condamne un citoyen , fur la dépofition d'un feul témoin qui dépofe fur fes propres intérêts ,* il dit : » il eft auffi doux pour » un citoyen , qu'honorable pour les loix, » de fe dire à foi-même « : *dans tout le cours de ma vie , je fuis tranquille , parceque je ne ferai jamais condamné fans preuves convaincantes. Je fais que ma fortune ni ma perfonne ne feront point livrées à la fragilité d'un feul témoignage* (*a*) ...... » l'équité crie d'un » bout de l'univers à l'autre « : *point de condamnation fans preuves. Un feul témoin prouve peu , un témoin intéreffé & fufpect ne prouve rien* (*b*).

Ailleurs ce même Magiftrat , dont l'auto-

____

(*a*) Difcours dans un Procès fur une Déclaration de Groffeffe , prononcé au Parlement de G * * * , par M. S * * * * * Avocat Général, page 14.

(*b*) *Ibidem* , page 18.

rité est respectable , paroît s'expliquer plus formellement.

» Je ne me lasserai point , dit-il , de répé-
» ter cette regle sacrée des jugements hu-
» mains ; *ou bien la certitude du crime , ou
bien l'innocence de l'accusé.*

» Eh ! que de raisons il faut pour remplir
» CETTE SPACIEUSE MESURE DE LA CERTI-
» TUDE ! Malheur aux citoyens quand les
» Magistrats, par prévention , ou par impa-
» tience , se hâtent de dire : C'EST AS-
» SEZ (*a*) «.

L'ON n'a point eu en vue , dans cette note, d'imiter les déclamations , si souvent réité-rées contre les Fermiers Généraux. Le Gouvernement a fixé le droit, ils le font percevoir ; il a fixé la procédure, on la suit. On ne doute pas qu'ils ne cherchent à mettre dans la régie & dans leurs procédures , tous les adoucissements dont elles sont susceptibles ; mais elles sont vicieuses par leur nature même, & non par eux.

____

(*a*) *Ibidem* , page 28.

Le ciel nous est témoin que jamais dans notre ouvrage, nous n'avons eu en vue aucune personnalité. Nous avons parlé des Contrebandiers, insensiblement cela nous a conduit à observer la maniere dont l'on instruit les procès à leur égard ; il n'est pas ici question d'autre chose.

(18.)

Page 90 N o u s n'avons pas parlé des ouvrages des artistes : il en est plusieurs, sans doute, qui peuvent & doivent être assujettis aux droits. Je pense qu'à l'égard des ouvrages des Peintres, Sculpteurs, & généralement de tout ce qui s'appelle beaux arts, une franchise entiere conviendroit : cependant si l'on jugeoit à propos de les imposer lorsqu'ils sont devenus objets de commerce, on pourroit le faire sans inconvénient. Mais je ne vois pas trop par quel moyen, si ce n'est à l'égard des peintures, sculptures, gravures qui viennent de l'étranger, (malheureusement c'est le grand nombre) qu'on pourroit faire payer, même assez fort, dans

les

les douanes que nous laiſſons ſubſiſter aux frontieres.

Quant à ceux qui font le commerce des tableaux, ſtatues, eſtampes, ils formeroient des corps & ſe cottiſeroient pour la répartition de la taxe par tête.

Les Graveurs qui ne vendent que les épreuves des planches qu'ils ont gravées eux-mêmes, doivent, avec raiſon, être regardés comme artiſtes, & non pas comme marchands d'eſtampes.

(19.)

Page 95. Q u a n t aux pendules, elles ſont plus difficiles à impoſer. Cependant l'on pourroit contraindre les ouvriers à y faire mettre une marque, dont le droit ſeroit l'impôt ſur les pendules.

(20.)

Page 95. Il v a u t mieux employer le ſecond moyen, parceque, à ne laiſſer ſubſiſter que le droit de marque, même augmenté, on ne payeroit qu'une fois dans la vie, pour un objet plus ſtrictement *luxe* que les étof

O

fes dont l'achat fe renouvelle fouvent.
D'ailleurs, l'impôt payé chaque année, pro-
duiroit bien davantage, & fe trouveroit avoir
un effet rétroactif qui feroit avantageux dans
la circonftance. Il conviendroit cependant de
ne pas impofer la vaiffelle, au-delà d'un certain nombre de marcs, par la raifon qui nous
a déterminés à ne faire payer au même particulier, que jufqu'à fon quatrieme carroffe ;
comme on le verra dans la note 24.

Quelques-uns oppoferont que la taxe fur
la vaiffelle, eft une forte *de vexation domeftique :* cependant les Anglois fe croient un
peuple libre, & la paient. Au refte, s'il ar-
rivoit que cette impofition caufât un effet
femblable à celui qui fuivit (à la vérité
pour peu de temps) l'enchériffement du tabac : c'eft-à-dire, que beaucoup de gens, pour
éviter l'impôt, fe contentaffent de fayance
& de porcelaine ; l'événement feroit favorable : parcequ'il y auroit alors plus de métal
dans la circulation ; & parceque nous avons
plufieurs manufactures de fayance & de por-

-celaine , ainfi que beaucoup de terre pour en
fabriquer.

(21.)

Page 97 N o u s avons cru devoir impofer les parterres & parcs d'agrément , parcequ'ils appartiennent communément à des
gens riches. La plupart eft même inutile
à la promenade du propriétaire qui fe plaît
davantage à aller la chercher ailleurs ; & beaucoup font joints à des Châteaux qu'on n'habite jamais.

Il eft inconcevable , combien de terreins ,
ainfi employés , fans être abfolument en
friche , ne fervent de rien à l'Etat. Ces terreins deftinés à procurer un plaifir nul , nuifent fenfiblement à la fomme des récoltes ;
il eft jufte qu'ils foient impofés.

Il en eft de même des chemins & des avenues que les particuliers font faire pour leur
utilité perfonnelle. Je ferois d'avis que , lorfqu'ils excéderoient une certaine largeur , on
les impofât : parcequ'un particulier, pour fon
ufage , n'a pas befoin d'une route auffi large

O ij

que la voie publique ; & que , peut-être , la taxe dégoûteroit de les multiplier aussi mal-à-propos qu'on l'a fait jusqu'à préfent.

Dirai-je qu'à l'égard des chemins publics , il me paroît que nous n'avons pas des vues affez économiques. Souvent nousles avons multipliés fans néceffité : toujours,nous avons entendu, par *grands chemins* , des chemins larges ; & nous leur avons donné une largeur outre mefure. Qui ne s'étonneroit effectivement en arrivant dans nos cités , par des routes fpacieufes , où , quelque fréquentées qu'elles foient , les embarras font impoffibles ; qui ne s'étonneroit , dis je , d'y trouver des rues étroites , fans ceffe embarraffées par un concours de peuple & de voitures. Sans doute le voyageur furpris diroit en lui-même : *c'eft ici qu'il faudroit une largeur qui m'a paru inutile au milieu des campagnes. Dans les villes , la falubrité de l'air , la fréquence des tranfports du commerce , la vie des citoyens , tout exige des rues fpacieu-*

ſes ; & l'excès que j'ai remarqué dans les rou-
tes , me paroît une augmentation des friches.

Plus ſages que nous , les Romains ſe con-
tentoient de la ſolidité des voies publiques,
ils *morceloient* leurs cultures le moins poſſible.
Perdre un épi ne pouvoit manquer d'être un
crime aux yeux d'un citoyen qu'on avoit arraché à ſa charrue , pour lui faire prendre le
timon de l'Etat. Encore aujourd'hui les chemins qu'ont affermis ces mains guerrieres ,
ſont l'étonnement de l'Europe ; le voyageur
qui traverſe avec facilité ces reſtes , qui
ont réſiſté à la rage du temps , ne ſe plaint
point de la médiocrité de leur largeur.

Les Anglois qui n'ont pu arriver à cette
ſolidité triomphante des ſiecles , ont du
moins cherché à imiter les Romains dans leur
économie. Leurs chemins ſont commodes ,
mais ils ſont moins ſpacieux, moins multipliés
que les notres; & depuis long-temps ils s'occupent , dans leurs villes , à donner aux rues
cette largeur néceſſaire à l'embelliſſement
des cités , & à l'avantage des habitants. Les

péages qu'on exige en Angleterre aux barrieres placées sur les routes de distance à autre, servent aux réparations. Par là les chemins sont toujours bien entretenus, sans qu'ils soient à la charge du fisc ni du cultivateur : c'est toujours le voyageur qui paie lui-même, pour le dégât qu'il fait aux routes qui ne sont utiles qu'à lui. Peut être on pourroit tirer de ces barrieres un parti favorable à la sûreté publique.

Nous nous laissons encore entraîner loin du sujet premier de notre ouvrage; mais l'on nous permettra bien, vu l'importance de l'objet, de présenter quelques idées sur ce qui concerne la construction & l'entretien des chemins publics.

Ce ne sont point des chemins larges qu'il faut au commerce, mais des chemins solides & sûrs : pour rendre un Etat florissant, c'est aussi tout ce qu'il lui faut.

Plus un chemin est large, plus il est difficile de consolider le terrein, plus les réparations indispensables sont fréquentes & couteufes. Tant qu’on employera les corvées à ce travail, il fera mal fait : car il eft abufif de croire, qu’un ouvrier qui travaille contre fon gré, donnera à ce qu’il fait le foin néceffaire. L’efpoir feul du gain peut faire agir l’homme avec affection, & ce fentiment de l’homme n’eft pas fi déraifonnable ; car dans nos inftitutions, il a befoin de gagner pour vivre. Il eft tant de bras qu’on peut employer avec économie à la réparation des routes, que l’on s’étonne de ce que les corvées fubfiftent encore. Plufieurs Ecrivains ont préfenté à cet égard des vues patriotiques, auxquelles il nous femble qu’il y a peu de chofes à ajouter.

Pour ce qui regarde la conftruction des chemins, nous fommes loin encore du degré de perfection auquel nous defirons d’atteindre. Tout le monde fait le foin que les Romains y employoient. Après plufieurs préparations, ils les recouvroient d’un pavé de pierres très dures, liées en Italie, avec la *pozzolana*, & dans les autres Provinces de l’Empire, avec un ciment dont la compofition

n’eſt pas parvenue juſqu’à nous. Les recher-
ches qu’ont fait les Savants, nous ont bien
procuré quelques connoiſſances ; mais ne
nous ont pas donné le ciment des Romains.

Rome a encore la *poẕolana*, que nous n’a-
vons pas ; elle s’en ſert, quoique avec moins
de ſuccès qu’autrefois : elle a ſes pierres dures,
& nous n’avons que deux eſpeces de pavé
fort mauvaiſes l’une & l’autre. La pierre de
grès, qui eſt la principale, eſt trop molle ; ſes
parties ſont ſujettes à ſe disjoindre, ainſi on
ne peut l’employer qu’en morceaux d’un certain volume. A la vérité, les cubes qu’on en
forme s’aſſoient parfaitement ſur le terrein ;
mais la face, expoſée au frottement, ne tarde
pas à ſe polir : alors ce pavé devient gliſſant
pour les chevaux. D’autre part l’ébranlement
que les fardeaux occaſionnent à ces cubes
placés à côté les uns des autres, ſe communi-
que avec rapidité & avec force dans une étendue conſidérable : les pierres ſe déſuniſſent
bientôt ; le ſol, ſur lequel elles repoſent, fati-
gué par la fréquence des ébranlements, n’op-
poſe plus une réſiſtance aſſez forte ; une par-

tie du pavé s'abaisse : il faut songer aux réparations.

L'autre espece de pavé que nous employons dans le Royaume, est le caillou. Celle-ci ne laisse rien à desirer pour la dureté : lorsque les pierres sont d'un volume moyen, les chevaux marchent dessus avec aisance, dans tous les temps ; & l'ébranlement, occasionné par le passage des fardeaux, ne peut se communiquer à une étendue considérable ; parceque la face arrondie de chaque pierre, n'oppose point une résistance sur laquelle puisse agir, la pierre ébranlée. Celle-ci pourroit même librement tourner sur son centre sans faire effort sur celles qui l'environnent ; tandis que les angles d'une masse cubique forme-roient autant de leviers à l'action desquels les cubes voisins feroient obligés de céder ; & de l'un par l'autre, cette action se fait sentir au loin. Mais cette même forme, cette surface polie des cailloux, empêche qu'on puisse les lier solidement ensemble. Cet inconvénient détermina, sans doute, à les briser pour en étendre les éclats sur les routes, où, en les mélant avec la terre, on fit ce que nous nommons *chemins ferrés.*

Quelques obſervations, que les circonſtances nous ont mis à portée de faire, nous ont perſuadé que cette maniere de conſtruire les routes eſt la meilleure que l'on ait tenté juſqu'à préſent. Nous regardons, comme très poſſible de³ parvenir, en perfectionnant ce moyen, à une ſolidité qui le diſpute à celle que nous avons remarquée dans les ouvrages des Romains.

La façon de ferrer les routes, varie néceſſairement ſelon la qualité des terres que fourniſſent les Provinces que ces routes doivent traverſer ; cependant diverſes expériences nous font croire qu'on peut parvenir à leur donner par-tout une ſolidité à-peu-près égale. Nous ne pouvons point entrer ici dans les détails des différentes manieres de ferrer. Nous n'en préſenterons qu'une ſeule, plus encore pour avoir occaſion de parler de l'économie qu'on pourroit mettre dans la forme des routes, que pour préſenter un principe nouveau ſur leur conſtruction.

J A M A I S nous n'avons remarqué qu'il se présentât quatre voitures pour passer à la fois dans un chemin ; supposons pourtant qu'il puisse s'en présenter cinq, c'est environ 50 pieds de largeur qu'il faut aux routes les plus fréquentées. Aujourd'hui plusieurs ont près de 100 pieds ; elles sont partagées, selon leur longueur, en trois ; l'on pave, ou l'on ferre celle du milieu dans une largeur à peine suffisante au passage de deux voitures : les deux autres bandes sont simplement en terre.

Lorsque la sécheresse rend le pavé glissant, les charretiers trouvent leur compte à détourner leurs chevaux sur les parties qui ne sont point pavées. Les pieds des chevaux & le fardeau des charrettes réduisent facilement cette terre en poussiere. Le moindre vent l'emporte en tourbillons sur les campagnes cultivées qui sont proche ; elle s'attache aux plantes & aux fruits, & forme dessus une espece de croute, qui empêche les vapeurs nutritives de l'air de pénétrer au travers de leurs pores. Pour se convaincre de ce que j'avance, il suffit de jetter les yeux sur les

terres qui avoifinent les routes , & d'obferver la langueur , nous dirons même *la mi-
fere ,* des plantes qu'elles produifent (a).

Ces tourbillons incommodent les voyageurs dans les voitures , & cette poudre
mouvante fatiguant ceux qui vont à pied ,
ils font contraints de quitter le chemin &
de marcher à bord des terres où le fol eft
plus ferme. A la moindre pluie , l'eau fé-
journe fur ces chemins auxquels leur largeur
n'a pas permis de donner la convexité néceffaire pour l'écoulement ; elle noie la terre
triturée par les pieds des chevaux , & fe mê-
lant avec elle , forme une fange qui rend le
chemin impraticable pour les gens de pied ,
& même pour ceux qui vont à cheval. C'eft
alors qu'ils ne peuvent fe difpenfer de marcher fur le bord des terres ; ainfi il fe forme

---

(a) Ce dégât eft fi vrai , que dans quelques Provinces de France , plufieurs ont *un droit de pulverage* qu'ils
prennent fur les troupeaux de bétail qui paffent dans
les grands chemins que leurs terres avoifinent ; en
dédomagement de ce que les fruits & grains peuvent
fouffrir par la pouffiere qu'ils font élever.

succeſſivement de chaque côté d'une route de cent pieds, un chemin large de pluſieuts toiſes.

Voilà bien des pertes qu'on eût ſauvées en donnant au chemin une ſolidité qui, en tout temps, auroit invité le voyageur à le préférer à l'orle des terres, & qui n'auroit point expoſé les plantes voiſines à cette pouſſiere deſtructive. L'on ne peut y réuſſir qu'en rétréciſſant le chemin ; & par l'économie de l'excédent nuiſible, l'on gagnera encore pour la ſomme des récoltes.

J'ai fait meſurer une route qui s'eſt trouvée large de plus de quatorze toiſes entre les deux arbres. De chaque côté du chemin, extérieurement aux arbres, étoit un foſſé d'environ cinq pieds, & au-delà du foſſé, les paſſants avoient formé ſur le bord des terres, un ſentier ou plutôt un nouveau chemin de deux toiſes dans l'endroit le plus étroit ; ce qui, pour les deux côtés, fait une largeur de 5 toiſes 4 pieds ; cela joint à 14 toiſes qu'avoit le chemin entre deux arbres, forme

une totalité de 19 toifes 4 pieds au moins ;
je dis au moins, parcequ'on pourroit y joindre l'épaiffeur des deux arbres, & que la mefure ayant été prife, fans chaînette & fort
lâchement, il n'eft pas douteux qu'on perdoit quelques pouces, à chaque fois qu'on
appliquoit la mefure fur le terrein.

19 toifes 4 pieds === 118 pieds, ce qui
eft une étendue à paffer douze voitures de
front, quelque larges que foient leurs voies.
A la vérité, quoique les voitures paffent
quelquefois à bord des terres, leur paffage
ordinaire eft dans une largeur d'environ 84
pieds, diftance d'un arbre à l'autre : mais
dans cette largeur de 84 pieds, il peut en
paffer neuf, bien à l'aife ; à quoi bon, puifqu'il n'en paffe jamais que deux ou trois au
plus : car, communément les voitures qui
font la même route, fe fuivent. Il paroît
donc convenable de fixer à moins de 50 pieds
la largeur des chemins les plus fréquentés,
& celle des traverfes à 30 & même à 25
pieds. Il eft très poffible de donner, à des rou-

Jerome Tifaut de la Noue inv. et Sculp. 1773.

Explication de la Figure 3.e

A. Pont mouvant, pour déterminer le poids des Charrettes
b. Contre-poids équivalant au poids des Charrettes.
c. Charrette trop chargée qui a fait abaisser le pont.

tes qui n'excédent pas ces largeurs, une folidité égale par-tout (*a*).

Maniere de construire les Chemins.
Voyez la Planche ci-contre.

Sur 40 à 50 pieds de large , il faut former un foſſé, d'une profondeur fuffifante, felon la longueur du chemin qu'on a intention de conſtruire. On couvre le fond d'une
aire de gros éclats de pierre meuliere ou
d'autres pierres d'eſpece approchante, & l'on
revêt les parois des côtés avec un mur *a a*,
figure premiere, bâti de pierres feches d'une
qualité femblable , afin de former une forte
d'auge A deſtinée à recevoir les terres & les
cailloux propres à ferrer. On étend au fond
de cette auge un lit de glaiſe fraîche gâchée
avec du fable moyen, de la terre franche &
de la pierre de chaux non fuſée , briſée menu. On le comprime fortement avec les

____

(*a*) Nous ne parlons point d'un rétréciſſement plus
confidérable , pour ne pas étonner ceux qui aiment
les chemins larges.

pieds, ou par d'autres moyens trop longs à
détailler ici, en le faupoudrant de fable plus
gros & de pierre à chaux brifée. Enfuite l'on
met par deffus un nouveau lit de glaife avant
que le premier foit fec ; & on le confolide,
comme on a déja fait pour le premier.

Lorfque ces couches de glaife *b* font par-
venues à une certaine épaiffeur, & qu'elles
ont acquis, en les comprimant, la confif-
tance néceffaire, l'on couvre le tout de quelques pouces de cailloux brifés *c*, fur quoi l'on
jette de la glaife feche qui eft réduite en
poudre mêlée avec de la pierre de chaux ;
enfuite l'on arrofe, s'il eft poffible, ou l'on
attend que la pluie ait entraîné cette terre à
travers les cailloux ; alors on en jette de
nouvelle, jufqu'à ce que l'on remarque que
les intervalles des cailloux brifés font com-
bles. Après tout cela, l'on étend deffus de
nouveaux éclats de cailloux, & l'on réitere
la même opération, jufqu'à ce que l'auge foit
remplie, & que la fuperficie du chemin ait
une convexité convenable. On couvre enfuite tout l'ouvrage avec du fable affez gros ;

le

le temps & le service achevent de le confolider.

De part & d'autre du chemin, lorfque
la fituation le permet , il nous paroît convenable de former un foflé B B, d'une profondeur médiocre & fort large ; d'un pente
très fenfible , fans être rapide , du côté du
chemin , & fe perdant infenfiblement dans
les terres cultivées C C, dont le foflé même
feroit partie. Pour la décoration des routes,
l'on pourroit planter des arbres *d d* , fur la
pente à bord du chemin (*a*).

Ainfi le voyageur , trouvant toujours un
chemin ferme , n'iroit pas chercher , de l'au-

(*a*) Il eft même néceflaire d'en planter pour entretenir le bois qui diminue tous les jours dans le Royaume. Il feroit auffi très avantageux de faire femer du
gland ou d'autres femences fur la fommité des montagnes arides , parceque la chûte des feuilles formeroit à la longue quelques pouces de bonne terre,& que
la pluie , en entraînant toujours quelques parties fur
les côtés de la montagne , les rendroit peu à peu propres à produire. Une élévation négligée fur fon
fommet, devient à la longue une maffe incultivable.

P

tre côté d'un fossé fort large, un terrein commode pour marcher. D'ailleurs, ce fossé lui-même feroit, comme nous l'avons dit, une prolongation des terres cultivées ; il feroit femé ou planté jusqu'au chemin qui s'éleveroit comme une chauffée, au milieu des champs & des prés qui ne fe termine-neroient qu'à lui.

Il feroit de l'intérêt des Laboureurs de maintenir ces fossés dans la forme convenable. Leurs terres feroient mieux défendues par les épis qui croîtroient à fleur du chemin fur une pente trop rapide pour pouvoir y marcher à l'aife, que par un fossé ftérile que l'on peut franchir pour trouver de l'autre côté un terrein plat & commode. L'homme ref-pecte les productions de la terre, & ne les détruit jamais pour le feul plaifir de dé-truire (a).

(a) Pour faciliter les gens de pied on pourroit bien former un trotoir des deux côtés d'une route : mais, outre que cette conftruction feroit fort chere, les tro-toirs fur les grands chemins, ont leur *pour* & leur *contre.*

Les foſſés tels que ceux que je décris,
ont encore d'autres avantages : les voitures
qui, dans l'obſcurité de la nuit, viendroient
à y engager leurs roues, ne verſeroient que
bien rarement ſur une pente auſſi peu rapide ;
& les malfaiteurs ne pourroient guere ſe cacher pour épier les paſſants dans un foſſé auſſi
large, comme cela leur eſt facile dans ceux
que l'on fait communément.

Dans certaines ſituations, où le courant
d'eau eſt conſidérable dans les moments de
pluie, comme au bas des collines, l'on pourroit donner à la ſuperficie des chemins la forme du trait de la figure 2. L'on y creuſeroit
deux ruiſſeaux *e e*, en laiſſant des écoule-
ments de diſtance à autre, dans les terres plus
baſſes que le chemin.

L'économie que nous propoſons ſur la
largeur des chemins, n'eſt pas indifférente ;
car, outre qu'alors il ſera plus facile de les
conſolider, à ne retrancher que *6* toiſes de la

largeur qu'ils ont actuellement, il y auroit un profit considérable pour la culture.

La lieue étant donnée de 2,500 toises, les 6 toises gagnées sur le chemin forment dans cet espace, une langue de terre de 2,500 toises de longueur sur 6 de base. Ce qui produit pour une lieue 15,000 toises quarrées, ou 16 arpents, 66 perches, 6 toises quarrées; l'arpent de 100 perches, la perche de 9 toises ; & pour cent lieues d'étendue, ce rétrécissement donne 1,500,000 toises, ou 1,666 arpents, 66 perches 6 toises.

Voilà bien du terrein qu'on eût pu employer plus utilement ; & combien de centaines de lieues trouveroit-on dans le Royaume, susceptibles de cette économie ! Il faudroit la pousser plus loin encore, en détruisant soigneusement les anciens chemins remplacés par de nouveaux.

———

Ce n'est pas tout d'avoir fait des chemins solides, il faut veiller à leur conservation : il faut prévenir le dégât que les voitures, trop

exceffivement chargées, peuvent y caufer.
En France l'on s'eft contenté de défendre
aux Rouliers, d'atteler plus de trois chevaux,
à leurs charrettes à deux roues. Ce Réglement ne peut point déterminer le poids exact
où doit être borné le fardeau des charrettes
pour qu'il n'abîme pas les routes; car il y a
des chevaux plus vigoureux que d'autres : il
eft ruineux pour les pauvres Rouliers qui ne
peuvent achetter que des chevaux foibles : il
eft auffi gênant pour les Rouliers riches, qui,
dans certaines faifons, & fur certaines routes, auroient intérêt, pour ménager leurs
chevaux, d'en atteler un plus grand nombre
au même fardeau que trois tireront, fi on les
y force.

Ne rempliroit-on pas mieux les vues de
l'Ordonnance, en laiffant aux Rouliers la liberté d'atteler à leurs charrettes, autant de
chevaux qu'ils jugeront néceffaire ; mais en
les contraignant de paffer à l'entrée des villes, fur un pont en bafcule qui, à l'une de
fes extrémités, auroit un contre-poids équivalent au fardeau que les Rouliers peuvent

mettre fur leurs charrettes : s'ils l'excédoient, la réſiſtance du contre-poids feroit vaincue par le fardeau, la baſcule s'abaiſſeroit, il leur feroit impoſſible de paſſer. Ce moyen, uſité en divers lieux, me paroît être le feul propre à déterminer le poids dont peuvent être chargées les charrettes, fans qu'on ait à craindre qu'elles endommagent les routes. Afin de nous rendre plus clair à ceux qui n'ont point d'idée de ces fortes de ponts mouvants, nous préſentons aux yeux leur forme & leur effet, figure 3.

Les Anglois ont introduit chez eux un uſage que nous ferions bien d'imiter, lorſque nos chemins feroient devenus d'un roulage auſſi facile que les leurs. C'eſt d'engager les Rouliers, par quelque exemption de péages ou par d'autres indemnités, à donner huit à dix pouces d'épaiſſeur aux jantes de leurs roues. Cette eſpece de roulleau en paſſant fur les chemins, bien loin d'y former des ornieres, ferviroit à les confolider.

(22.)

Page 97. Apres la nourriture & l'habillement, il faut à l'homme le couvert. Il nous paroît convenir d'accorder à chaque individu quelques toises pour son habitation : par-là les familles que la misere oblige à coucher pêle-mêle dans la même chambre, se trouveroient exemptes de l'impôt sur les maisons.

Lorsque les maisons n'auroient qu'un rez-de-chauffée, quelque élevé qu'il fût, on ne paieroit pas pour l'élévation.

PERCEVOIR le droit sur les appartements à loyer, des mains du Locataire, nous semble avantageux pour le Propriétaire & pour le Locataire lui-même. Le Propriétaire ne seroit pas exposé à payer pour un appartement qu'il n'auroit pu louer : le Locataire y gagneroit aussi ; car celui à qui la maison appartient, dans la crainte que ses appartements, n'étant pas toujours tous loués, ne soit obligé de payer une partie des droits du Roi avec sa rente propre, augmente le prix des divers loyers pour se mettre à l'abri. Ce droit, ainsi payé, ne seroit pas onéreux pour les Loca-taires, parceque le prix actuel des loyers, se-

roit diminué de l'augmentation que les vingtiemes & les autres droits établis fur les maifons, occafionnent.

No u s fouhaiterions bien que des réglements que l'on feroit obferver avec foin,
empêchaffent qu'on n'éleve les maifons dans
les villes auffi inconfidérément qu'on l'a fait
jufqu'à préfent. Nous voudrions bien auffi
que les rues fuffent plus larges, mieux ali-
gnées ; les carrefours plus commodes & mieux
diftribués.

Il y a dans Londres telles rues qui pafferoient pour fuffifamment larges à Paris, qui
font barrées aux voitures, afin de prévenir
les accidents ; & parcequ'on ne trouve point
que ce foit un inconvénient, qu'un homme
en carroffe faffe *le tour plus grand*.

(23.)

Page 98. LE QUATRIEME carroffe & ceux
en fus ne payeroient plus rien, afin de ne pas
dégoûter les gens curieux en voiture, de faire
travailler les ouvriers, par la crainte de

payer l'impôt pour un carroſſe qui ne tient plus en rien au ſervice de leur perſonne, ni au faſte de leur maiſon.

(24.)

Page 98. LES CARROSSES exigent au moins un cheval de plus qui doit une taxe annuelle, un cocher dont il faut payer la capitation, un palfrenier, un logement plus conſidérable, une conſommation plus grande de denrées & de fourages qui ont payé des droits. Tout cela augmente l'impôt du car‑roſſe d'une ſomme que le cabriolet n'eſt pas forcé de ſupporter. Ainſi donc nous nous perſuadons de plus en plus, que ce n'eſt pas trop que 72 livres par an pour un cabrio‑let.

(25.)

Page 100. L'IMPOSITION ſur les rentes par contrats eſt délicate. Nous l'avons dé‑terminée de deux ſols pour livre, parceque nous voyons bien que ceux qui en jouiſſent ont un revenu fixe & aſſuré : mais il faut prendre garde que l'impôt ſur les rentes ne nuife, en effarouchant les capitaliftes, aux emprunts qui malheureufement font fouvent nécefaires.

Quelqu'un a propofé d'étendre cette taxe jufqu'à fur les intérêts dont jouit un citoyen en vertu d'Arrêts ou Sentences rendues en fa faveur, fur une créance : fans doute, ce quelqu'un n'a pas obfervé que fa propofition eft injufte. Le prêteur n'a obtenu un tel Arrêt, qu'après avoir attendu quelque temps le payement d'une fomme qui peut lui être néceffaire : il eft obligé d'attendre encore par les délais que le jugement accorde à fon débiteur ; & c'eft une bien légere indemnité que ces intérêts, pour un payement qu'il attend. Ce payement refte qui plus eft incertain, après l'Arrêt favorable au créancier, puifqu'il n'a demandé fa dette en juftice, que parceque fon débiteur étoit dans l'impoffibilité de le fatisfaire, à fa requifition fimple.

(26.)

Page 101. Il est, fans doute, bien poffible, que le propriétaire qui afferme fes

fonds, paie le tant pour livre du produit de
son bail à ferme : parceque le tant pour livre
que l'Etat préleve , suppose que le complément de la livre , reste au possesseur des terres pour assurer son aisance. L'Etat certainement peut l'exiger, sans accabler celui
qui y seroit sujet, pourvu qu'on le détermine
proportionnellement à ce qu'est la totalité
de sa rente.

Mais, quoique l'Etat puisse le retirer,
est-il bien juste que le particulier le paie?
non. Dans le plan de perception que nous
présentons, à coup sûr, il ne doit pas le
payer, parcequ'un citoyen par là qu'il pos-
fede, ne doit pas être chargé *plus* que celui
qui gagne. Celui-ci n'a point de capital,
mais son gain lui forme une rente souvent
plus forte que celle du possesseur : à la vérité
ce gain hausse & baisse , & quelquefois cesse
entiérement ; aussi avons-nous eu les égards
convenables à ces variations. Nous avons dit
de faire assembler les Communautés pour la
répartition de l'impôt par tête , afin de remédier à ces fréquentes altérations des for-

tunes , autant que nous avons pu. Il eft bien vrai que le propriétaire a une *poffeffion propre* qu'il peut tranfmettre , l'homme d'induftrie n'en a point , mais ce n'eft pas le principal , *le fonds* que l'impôt doit diminuer , c'eft la jouiffance , le profit de l'individu ; c'eft pour cela que la taxe fur les confommations eft la plus convenable , parcequ'elle ne porte que fur les plaifirs des fujets.

Ainfi donc nous n'avons propofé de lever pour le Roi le tant pour livre des baux à ferme , que pour montrer qu'on pourroit l'établir fans que le prix de la denrée en fût augmenté ; mais l'on ne doit fe fervir de cette façon d'impofer qu'à l'égard des particuliers qu'on ne pourroit claffer pour fe répartir la taxe par tête. Alors le tant pour livre du montant de leurs baux , feroit l'impofition par tête qu'ils doivent payer ; & cet impôt déterminé de la forte , fe trouveroit affurément en proportion de leur fortune.

(27.)

Page 102. Il est beau de faire fervir à

des établiſſements utiles les frénéſies vicieu-
ſes des ſujets, que le Gouvernement ne peut
guérir. Le produit de la régie des cartes eſt
employé ſelon ce ſage principe.

Nous ignorons s'il y a des changements à
faire dans cette régie , & s'il eſt poſſible de
l'améliorer ; ainſi nous nous en tenons à ſou-
haiter que par-tout on mette aux cartes un
prix égal , pour faire en ſorte de détruire la
manie preſque générale de faire la contrebande des minuties. D'ailleurs il n'y a point
d'inconvénient qu'on paie les cartes auſſi cher
dans les campagnes que dans les villes, dans
les provinces que dans la capitale.

(28.)

Page 104. On a dit que l'impôt par tête
marquoit la ſervitude , je ne conçois pas
comment on l'entend : je ne vois pas quelle
ſervitude il y a à payer ce qu'on doit. Si un
petit maître pour ne pas dégrader ſa liberté
individuelle , renvoyoit ſes créanciers ſans
les ſatisfaire , la méthode ſeroit commode.
Or, l'on ne peut nier que le ſujet doive le

tribut ; qu'importe donc que ce soit sa tête ou son bras qui paie, lui ou son cheval ; c'est de l'argent qu'il faut qu'il donne , & voilà tout.

Je vois ce que c'est ; le mot capitation a effrayé, on a vu le joug sur sa tête même; la situation est effrayante en effet. Quelques villes ont desiré de se racheter de ce tribut, on y a consenti ; qu'ont gagné les habitants par cette complaisance ? Pour retrouver la somme du subside que le Gouvernement est en droit d'exiger , l'on a augmenté les taxes sur les entrées ou d'autres impôts. Les habitants de ces villes se sont réjouis en se disant libres ; *la capitation pour eux avoit changé de nom.*

Enfin l'imposition par tête annonce si peu la servitude, que dans tous les temps on a cherché à l'établir en proportion des fortunes. C'est donc la fortune qui est ainsi imposée, & non pas la tête ; mais il faut une tête pour représenter cette fortune , & de là l'on a nommé capitation un impôt, qu'on eût pu

nommer *fortunation*, avec autant de raifon.

(29.)

Page 116. N o u s n'avons pas déterminé
la quantité d'arpents néceſſaire pour nourrir
un individu, parcequ'elle varie de province
à province ; & qu'avant de fixer la taxe d'un
citoyen qui n'a que ſon néceſſaire, il faut
calculer les charges que ſes enfants & ſes
parents lui occaſionnent. Il faut obſerver
auſſi que la proximité d'une ville, met un
cultivateur dans le cas de vendre ſa denrée
plus cherement, que celui qui habite dans
le fond d'une province. Le premier eſt riche
avec moins d'arpents qu'il n'en faut au ſecond pour vivre.

I l y a une ſorte de cultivateurs connus à
Paris ſous le nom de Jardiniers fleuriſtes ;
quoique nous n'en ayons pas parlé dans le
tableau, l'on imagine bien que notre intention n'eſt pas qu'ils ſoient exempts.

(30.)

Page 121. C e l u i qui a pluſieurs domeftiques , a fans doute un patrimoine honnête , ou bien il fait des profits fuffifants ; ainfi nous efpérons qu'on ne trouvera pas trop forte la taxe que nous indiquons à leur égard , & nous croyons pouvoir nous difpenfer d'étayer notre opinion par des raifonnements que chacun ne manquera pas de faire : ceux fur-tout qui ne font point intéreffés dans cet impôt , le feront , & c'eft le grand nombre ; par là , nous aurons pour nous l'unique regle des jugements humains, LA PLURALITÉ DES VOIX.

Nous n'avons point diftingué les domefti-tiques mâles des domeftiques femelles, parceque nous entendons qu'ils foient confon-dus pour l'impôt , & qu'ils ne forment qu'une même échelle. Nous penfons cependant que l'on feroit bien d'exempter la femme d'un domeftique qui ferviroit dans la même maifon que lui , afin de diminuer , s'il eft poffible , cette antipathie nuifible à la population & aux mœurs , de ne vouloir point être fervi par des gens mariés.

(31.)

(31.)

Page 122. Tous ceux qui, ne pouvant former des corps, auroient à payer chacun une cote particuliere, seroient obligés de porter eux-mêmes leur argent, dans l'année, à la caisse la plus voisine, avec la quittance qu'on leur auroit délivrée l'année précédente, pour preuve qu'ils ont satisfait. Cependant, s'ils perdoient leur quittance, ils ne seroient pas contraints de payer une seconde fois : pour une somme modique, ils pourroient faire faire une recherche dans le regiftre que tiendroit, à cet effet, le Receveur des deniers. Sur ce regiftre seroit infcrit le nom du Payeur, & la date du paiement ; ce qui, proprement, eft un extrait de quittance.

S'ils négligeoient de faire le paiement dans le temps prefcrit, on ne leur occafionneroit pas des frais inutiles, frais qui font même à charge au fifc, par la quantité de gens que le Gouvernement eft obligé de soudoyer pour forcer les contribuables ; on leur feroit payer double l'année d'enfuite. S'ils

Q

cherchoient encore à se souftraire à la taxe, les Tribunaux en prendroient connoiffance, pour le Souverain, à la requête des Receveurs des deniers publics.

Ainfi les Citoyens feroient engagés, par leur intérêt perfonnel, à porter leurs cotes avec exactitude aux caiffes établies pour les recevoir. S'ils y manquoient par impuiffance, la voie des repréfentations leur feroit ouverte : leurs plaintes rejettées par les Receveurs des deniers, il leur refteroit l'efpoir de les voir admettre par les Juges naturels de la Nation.

(32.)

Page 126. Chacun doit avoir le droit de travailler, lorfqu'il a les talents néceffaires pour retirer un profit de fon induftrie. La tyrannie des Maîtrifes tue l'émulation ; rend inutiles, expofe à la vexation, une quantité de fujets qui auroient pu fervir l'Etat, & qui avoient mérité que leurs peines leurs euffent été profitables.

Peut-être, on dira, qu'avec cette liberté de travailler, beaucoup de Particuliers feront des ouvrages de rebut, qui détruiront la bonne opinion qu'on a, dans l'Etranger, de l'induſtrie nationale. Que beaucoup, afin d'attirer par le bon marché les acheteurs dans leurs boutiques, feront leur travail à la hâte, & n'en fruſtreront pas moins ceux qui, plus appliqués, paſſeront un temps plus conſidérable aux mêmes ouvrages, que par là ils feront obligés de vendre plus cher : je réponds que l'on pourra y remédier facilement.

En détruiſant les Maîtriſes, chaque Citoyen, qui voudra s'occuper d'une profeſſion, feroit obligé de faire écrire ſon nom & ſa demeure, dans la liſte des Ouvriers qui travaillent aux mêmes ouvrages que lui. Il préſenteroit un chef-d'œuvre lorſque l'objet de ſon travail en feroit ſuſceptible, & ſe verroit ſoumis à la viſite des Anciens de la Communauté dont il feroit membre. Ceux-ci examineroient ſi les ouvrages mis en vente ont les qualités requiſes ; & feroient autoriſés à ſaiſir & même à détruire, en préſence de l'Ouvrier, les ouvrages dans leſquels elles ne ſe trouveroient pas. On pourroit ordonner une

amende en cas de récidive ; & à la troisieme
fois, une punition plus forte.

Que si l'on dit que je propose une chose
impraticable, je présenterai, en preuve de sa
possibilité, plusieurs corps dans lesquels cela
se pratique aujourd'hui ; & notamment celui
des Menuisiers de Paris, soumis aux visites
de leurs Jurés qui, comme Inspecteurs, ont
droit de faire brûler les menuiseries où l'Ouvrier a employé de l'aubier. Par cette sage
police, le Particulier achette toujours des
ouvrages où la solidité se trouve jointe à l'a-
grément.

L'on n'a pu soumettre à ces visites séveres
les Ouvriers réfugiés dons les endroits privilégiés parcequ'ils ne sont pas Maîtres : aussi
remplissent·ils la ville d'une quantité d'ouvrages mal faits & de mauvaise qualité. A la
vérité, les Maîtres peuvent les saisir lorsqu'ils
vont rendre leurs ouvrages ; mais si l'Ouvrier,
qui les transporte, est accompagné par un
Bourgeois qui affirme que tout cela lui appartient, on le laisse libre.

Comment la Police permet-elle qu'on élu-

de auſſi groſſiérement ſes Ordonnances ! Puiſqu'il eſt défendu d'introduire un ouvrage
dans la ville, parcequ'il fait tort aux Maîtres qui ont acheté leur Privilége, qu'importe que ce ſoit à l'Ouvrier ou au Bourgeois qu'il appartienne ? Pourquoi ne pas ſaiſir indifféremment ſur le Bourgeois comme
ſur l'Ouvrier ? puiſque le premier a eu l'im-
pudence de *mettre ſous ſa ſauve-garde un
ouvrage prohibé*, ne mériteroit-il pas même
d'être condamné à une peine plus grande que
l'Ouvrier qui a travaillé parcequ'*il faut qu'il
vive ?*

Je crois en découvrir le motif : la Police,
amie de l'humanité, a vu dans ces hommes
qui ſe réfugient aux lieux privilégiés, des Citoyens induſtrieux & utiles, dont les facultés n'ont pas permis qu'ils ſe fiſſent paſſer
Maîtres. Obligée par ſa juſtice, à ſoutenir
contre eux, ceux qui ont acheté la Maîtriſe,
elle leur a laiſſé les moyens d'éluder ſes Réglements, pour ne pas leur ôter la vie. Mais
enfin, les droits de Maîtriſe ont été accordés pour les progrès de l'induſtrie, & non

Q iij

pour ren dreau fifc une modique fomme : ce
qui étoit bon il y a quelques fiecles, peut
être vicieux aujourd'hui : une loi qu'on penfe
qu'il eft à propos de négliger, ou qu'il faut
fouffrir qu'on élude, doit être abrogée :
» car, ainfi que, dit un Philofophe ancien,
» il faut que la loi foit comme dictée par
» une voix divine ; qu'elle ne difpute point,
» qu'elle ordonne (a) «.

Retournons à l'efprit dans lequel la loi
dont nous parlons a été faite ; certainement
nous n'y trouverons pas la ftupidité autorifée,
moyennant une fomme, à brifer la lampe
de l'induftrie. Mais nous y verrons que nul
n'a droit d'empêcher le travail d'autrui, fur-
tout s'il n'eft lui-même en état de faire mieux ;
& plus encore : c'eft que *chacun a le droit de
travailler, s'il a les talents néceffaires.*

Sans doute il arrivera, avec cette pleine
liberté, que le même ouvrier pourra être en
même temps Taillandier, Serrurier, Cou-

(a) Séneque le Philofophe, Tome premier, page
489, Lettre XCV. Edition de 1555. *Legem enim, &c.*

telier. Eh bien , il fera foumis aux vifites des anciens de chacun de ces corps , il payera même la capitation dans chacun. C’eft une charge , mais il l’a voulu : on n’a pas exigé de lui diverfes fommes, pour paffer maître dans ces différentes profeffions ; il les a embraf-fées, parcequ’il y a vu fon avantage ; fi par la fuite il ne l’y trouvoit pas , il s’en tiendroit à celles qui lui produifent.

Dira-t-on qu’un ouvrier , plus riche que les autres , accaparera tout ; moins qu’à pré-fent où , géné par les maitrifes , il ne peut fe livrer malgré lui qu’à un feul objet. S’il a des fonds, ne pouvant les employer à divers genres de travaux, il multiplie fes compa-gnons , & fait alors un commerce trop con-fidérable , pour ne pas nuire à fes confreres. Les maitrifes détruites , l’ouvrier pourra fans doute réunir dans fon attelier toutes les par-ties de l’induftrie , mais il n’en accaparera aucune.

Si l’on difoit que chacun étant libre de tra-vailler pour fon compte, le nombre de compagnons diminueroit ; je réponds que cet inconvénient, qui n'eſt rien pour l'Etat, eſt peu pour les maîtres riches qui ſe chargent d'entrepriſes. Dans ces cas là, aujourd'hui ils tranſportent leur droit de maître, non pas à un compagnon, mais à pluſieurs, en fai- ſant ce qu'ils appellent *marchander*. Alors les pauvres maîtres ſe mettroient à la place des *compagnons marchandeurs*, & travailleroient pour le maître riche, chez lui ou chez eux : ce qui n'empêcheroit pas qu'ils ne fiſſent auſſi des ouvrages pour leur compte, lorſque les bourgeois leur en commanderoient.

Penſe-t-on que la liberté de travailler dans les villes, où les profits ſemblent être plus conſidérables, empêchât qu'aucun ouvrier s'établît dans les campagnes. Je réponds que par-tout où il y a du profit à faire, on trou- vera des hommes pour travailler : & qu'où il n'y en a point, je ne vois pas qu'on puiſſe engager des citoyens à aller mourir de faim.

Nous avons dit que ceux qui ſeroient

chargés par les corps de recevoir les taxes ,
compteroient sans retenue pour leurs peines :
nous savons bien cependant qu'il n'est pas
aisé d'engager les particuliers à travailler sans
émoluments pour le service de l'Etat ; nous
n'osons pas nous flatter que cela devienne
plus facile par la suite. Mais enfin ne pourroit-on pas espérer d'y parvenir, en attachant
à leurs fonctions un certain dégré de consi-
dération. L'empire de l'opinion est étendu :
elle est un ressort puissant , dont les législa-
teurs se sont souvent servis avec avantage :
mais ce ressort ne se monte que peu à peu ;
si on l'abandonne après de légers efforts, il
ne faut point s'étonner s'il n'agit pas avec
autant de vigueur, que si on lui eût donné
toute son élasticité : si on se hâte trop, on le
brise ; si on le laisse par impatience , avant de
l'avoir conduit à son point d'énergie, jamais
il ne sera d'aucun usage. En un mot , il n'est
que deux moyens pour faire agir l'homme
avec zele , *l'argent* ou *l'honneur ,* le Gouvernement les a tous deux en son pouvoir ; mais
il n'en est qu'un qui fasse des Citoyens.

(33.)

Page 127. Quoique les gains du commerce foient communément confidérables, il n'eft pas poffible d'impofer les commerçants en proportion de leurs profits, car malgré toutes les précautions, l'impôt ainfi fixé pourroit fouvent leur devenir onéreux. Il faut donc les taxer infiniment au-deffous; & par malheur il naît, de ce ménagement néceffaire, le vice que nous avons obfervé en comparant l'homme de dix-mille livres de rentes en bien-fonds, avec le Banquier auquel fon commerce rendroit 30 mille livres chaque année (a).

La répartition des taxes, faite par les Communautés affemblées, mettant la cote des individus dans le cas de varier d'une année à l'autre, nous paroît s'acorder fort bien avec les gains incertains du commerce, & avec l'inftabilité des fortunes en général.

Il pourroit fe faire, fans contredit, que les cotes de quelques-uns pafferoient 500 livres,

-----

(a) Voyez page 40 & fuivantes, & la note 8.

taxe fixée pour les plus riches, par le plan d'impofition économique dont nous avons parlé, mais celles des autres diminueroient à proportion, & jamais, quelque fortes qu'elles fuffent, elles ne feroient exceffives : parceque fi la fortune de celui qui a payé 500 livres, ou plus, l'année précédente, a éprouvé quelque échec, fa cote diminueroit ; & celle de celui qui auroit fait des fpéculations heureufes, feroit accrue.

Lorfque, par des raifons particulieres, quelques marchands croiroient néceffaire de celer leurs pertes ; ils garderoient le filence dans les affemblées où l'on doit fixer les cotes, & fe laifferoient taxer felon ce qu'ils montreroient au dehors de l'état de leurs affaires.

Qu'on n'imagine pas (comme peut-être d'abord on voudra l'objecter) que les commerçants pénétrant en quelque forte, par ces affemblées, dans les affaires les uns des autres, cela nuiroit au commerce en général ; tout au contraire. Les marchands d'une même ville, à peu près fûrs des facultés de cha-

cun , formeroient entre eux comme un faif-
ceau *imbrifable :* de cette connoiſſance des
affaires de leurs confreres, naîtroit une confiance mutuelle qui pourroit prévenir bien
des faillites.

Il n'y a que ceux qui ont envie de tromper, qui hazardent beaucoup , ou qui font des
dépenſes trop grandes, qui puiſſent redouter
ſans ceſſe que leur ſituation ſoit connue. Un
marchand ſage doit, ſans doute, cacher à ſes
confreres la nature de ſes affaires ; mais il
lui eſt indifférent , utile même, qu'on ſache
dans quel état elles ſont.

Les aſſemblées deſtinées à faire la répartition des taxes , deviendroient pour les commerçants , une eſpece de tribunal dont ils
craindroient la cenſure : plus modérés dans
leurs entrepriſes , plus réſervés dans leurs
dépenſes , leur commerce en ſeroit plus ſolide.

Mais pourquoi m'occuper ici de répondre à
une objeétion qu'on ne me fera peut-être pas ?
Il vaut mieux, en paſſant , jetter un coup
d'œil ſur un objet, qui, quoiqu'il ſoit éloi-

gné de la matiere de notre ouvrage, est trop intéressant au commerce, pour nous refuser à présenter nos idées.

Oserons-nous réclamer contre un usage, presque de tous les temps & de toutes les nations; c'est la rigueur des Ordonnances contre les débiteurs insolvables. Rome, dans son principe, en a ressenti les plus funestes effets. Sans doute, pour fait de dettes, un citoyen doit perdre sa liberté : quoique la justice morale paroisse s'élever contre cette loi, la justice politique la demande à cris plus forts encore, & cette justice est nécessaire dans toutes les constitutions ; ou il ne faut point de société absolument, ou il faut écouter sa voix. Mais ne seroit-il pas possible, en mitigeant les Ordonnances faites à cet égard, de réunir l'équité morale avec l'équité politique ? de défendre un débiteur infortuné contre des créanciers rigoureux ? de défendre les créanciers eux-mêmes contre leur propre avidité, qui souvent est nuisible à leurs intérêts ?

Tout engagement qui n'eſt point rempli au terme fixe, entraine la contrainte par corps ; il eſt ſage aſſurément de laiſſer ſubſiſter cette loi. Mais pourquoi ſévir contre un particulier qu'une perte imprévue a mis dans l'impoſſibilité de ſatisfaire à ſes promeſſes ? Eſt-on coupable parcequ'on eſt malheureux ! Quoi, un citoyen s'offre à prouver qu'il a fait un emploi raiſonnable des ſommes qui lui ont été confiées ; il préſente le tableau de ſes eſpérances & de ſon infortune ; il livre ſon porte-feuille, ſon or, tout ſon avoir en un mot, à ceux dont il s'avoue débiteur. Il ne fuit pas parcequ'il eſt honnête, parcequ'il ſait que ſa préſence eſt néceſſaire aux intérêts de ſes créanciers, que ſans lui, ils parviendroient difficilement à recouvrer les ſommes qui lui ſont dues ; & il ne ſera pas à l'abri d'un créancier chagrin ! Le glaive eſt ſuſpendu ſur ſa tête, cet homme va lui ravir ſa liberté ! que craint-il, que peut-il craindre ! en laiſſant un malheureux reſpirer l'air de la patrie, ſans ceſſe ſon débiteur eût été ſous ſes yeux : quelle plus belle caution qu'un homme d'honneur libre , qui avoue qu'il lui doit , & qui ne fuit point fa préfence ! Si fon débiteur eft un traitre , s'il le trompe , c'eft un criminel public que la loi doit inveftir , fans qu'il foit befoin qu'il requierre le decret. S'il n'eft que malheureux , pourquoi la loi ne le protégeroit-elle plus ? pourquoi le livreroit - elle fans pitié à un créancier inhumain , autorifé à lui faire partager les fers de la forfaiture ; à le confondre avec les fcélérats dans les ténebres d'une prifon humiliante ; à flétrir fon ame par l'efclavage ; & à décourager , même à pervertir fon cœur par l'ignominie.

Il n'eft que trop vrai , que la crainte de l'ignominie qui révolte un cœur honnête , l'excite violemment à une premiere faute , que les circonftances ont rendue néceffaire , & dont le fuccès peut l'entrainer bien loin de fes principes. Un homme d'honneur ne fe voit point fans trouble expofé à perdre fa liberté , dès l'inftant qu'il aura avoué qu'il ne peut fatisfaire aux engagements qu'il a pris. Il fait , qu'une fois emprifonné , on l'oubliera ; & que ſes affaires ſeront lentes à s'arranger, par les diſcuſſions de ſes créanciers, qui daigneront à peine le conſulter ſur des intérêts qu'il connoit mieux qu'eux ; qui ſont les ſiens comme les leurs. Un mur infamant, empreint de tous côtés des marques du deſeſpoir & de l'horreur, va le ſéparer d'une famille, dont ſa préſence faiſoit la félicité ! Déja il croit voir, au travers des grilles deshonorantes, ſa femme, ſes enfants, partager ſa honte & ſes larmes, accablés par la miſere, & expoſés aux regards injurieux d'une cohorte de ſatellites effrontés.

Quel eſt l'homme, aſſuré d'avance qu'il doit éprouver une ſituation auſſi affreuſe, qui ne cherchera pas à s'y ſouſtraire ? ſans doute il n'en eſt point. Auſſi, dès qu'un marchand s'eſt convaincu qu'il ne peut remplir ſes promeſſes, il fuit en dépoſant ſon bilan ; mais il ne peut fuir, ſans emporter des ſommes ſuffiſantes à ſon entretien pendant le temps d'une abſence dont la durée eſt incertaine ; & il ne peut ſe procurer ces ſommes, qu'en les ſouſtrayant à la maſſe qui doit

ſervir

fervir à acquitter fes créances. De là , quand
même, à l'inftant de fon malheur, il auroit eu
de quoi répondre entièrement des dépôts
qui lui avoient été confiés, ces Créanciers
éprouveroient déja une perte par le vuide
que fait à fon avoir la fomme qu'il eft contraint d'emporter , fomme qui ne lui eft
d'aucun profit, puifqu'il eft obligé de la dépenfer dans fa fuite.

Les procédures contre un homme abfent,
& relatives à des affaires qui ne peuvent
manquer d'être embrouillées (car celui qui
les régiffoit n'a pu en dreffer l'état que fort à
la hâte, & dans un inftant où fon ame étoit
bourrelée par le défefpoir), ces procédures
longues & difpendieufes font encore des frais
pour la maffe. Il faut de plus, que cette maffe
paie des gens pour qu'ils faffent faire des rentrées difficultueufes pour eux qui n'ont point
de rapport avec les Correfpondants de celui
qui a failli ; il leur faut des années pour recueillir les fommes que le Marchand fugitif
auroit raffemblées d'un feul mot.

Dans le même temps tout refte fufpendu.

R

Fabriquoit-il des étoffes ? les pieces imparfaites font ôtées de deſſus les métiers ; tandis que s'il eût demeuré, le gain qu'il auroit fait en ſatisfaiſant aux commiſſions dont il étoit chargé, eût groſſi la maſſe de ſon avoir à l'avantage de ſes Créanciers. Les matieres premieres qu'il avoit accumulées pour fournir à la conſommation de ſon commerce, reſſortent en nature de ſon magaſin ; les profits de fabrication ſont perdus, & plus encore ; car ces mêmes matieres ont, pour la plupart, eſſuyé diverſes préparations, ou par la teinture ou autrement, qui les rendent uniquement propres au commerce de celui à qui elles appartenoient ; par-là, la vente en devient difficile & peu fructueuſe. Les années s'écoulent, le goût change, & les étoffes qu'on a trouvées toutes fabriquées dans les magaſins, altérées par la garde, diminuent encore de valeur, parceque la mode en eſt paſſée. Ainſi, dans une faillite où la balance auroit pû être égale entre l'actif & le paſſif, il ſe trouve qu'il manque à la fin, ſoit en ſuppreſſion d'intérêt, ſoit en perte effective,

cinquante ou foixante pour cent à chaque
créance.

Souvent enfin, les Créanciers jugent que
la préfence d'un Débiteur profcrit eft néceffaire à leurs intérêts, ils lui offrent alors
toutes les furetés qui peuvent l'engager à revenir, mais il n'eft plus temps. Cet homme,
banni de fa Patrie depuis plufieurs années,
fans efpérance fondée de la revoir jamais, a
formé chez l'Etranger, où il s'eft réfugié, un
établiffement qui l'y fixe ; & c'eft un Citoyen
perdu pour l'Etat. S'il cede aux inftances de
fes Créanciers, s'il revient, le mal eft à un
tel degré qu'il ne peut plus y remédier.

Soyons de bonne foi; dépouillons-nous
un inftant de cet attachement, trop commun,
à des loix faites pour d'autres temps & d'autres lieux que ceux où nous vivons ; nous
verrons alors la contrainte par corps pour
fait de dettes, après le bilan dépofé, nulle,
contre le fripon; ruineufe, pour l'infortuné
qu'elle flétrit mal-à-propos ; & vicieufe, quant
à l'avantage des Créanciers, ce qui eft cependant fon objet.   R ij

Elle eſt nulle contre le fripon, car celui qui veut faire une banqueroute frauduleuſe, connoît la Loi, & n'attend pas, pour s'y fouſtraire, que cela ne lui ſoit plus poſſible.

Elle eſt ruineuſe pour l'infortuné, parcequ'elle l'oblige à fuir : ce déplacement ſubit néceſſite, comme nous l'avons dit, une dépenſe que dans ſon malheur il lui conviendroit d'épargner : il lui fait négliger des liaiſons qui, par la ſuite, auroient pû lui être utiles. Après tout, ce Citoyen n'eſt pas mort ; il doit vivre encore, ſouvent avec une famille qui partage ſon infortune ſans l'avoir méritée plus que lui. Pourquoi lui ravir, en le contraignant à s'expatrier, en le faiſant ſoupçonner d'une inconduite qu'il n'a pas eue, l'eſpoir qu'il pourroit fonder ſur des liaiſons formées durant ſa proſpérité ? C'eſt un Citoyen qui n'eſt point coupable, que cet *plébiſcite*, provoqué par la flétriſſure que la loi a imprimée ſur ſon front, condamne à l'exil ; & auquel il ôte la douceur de ſe dire à lui-même ; *je reſpire encore l'air de ma Patrie! je ſuis entouré de mes Concitoyens, je ſuis*

*fous leurs yeux ! quelque jour peut-être , ma
probité reconnue , ils me rendront leur confiance ; les foupçons injurieux tomberont ; une
famille honnête & pauvre les touchera.*

En effet, la fuite d'un Particulier fait naître le foupçon ; & lorfque la fincérité de fon
bilan prouve qu'on a eu tort de l'accufer de
fraude, fes affaires mal dirigées en fon ab-
fence, préfentent une perte confidérable pour
fes Créanciers : on n'examine point que s'il
les eût gérées lui-même, il la leur auroit
évitée ; on le taxe d'inconduite, & tous les
cœurs s'éloignent de lui.

La contrainte par corps eft vicieufe, relativement à fon but qui eft d'affurer les créances. Quand un homme a donné tout ce qu'il
poffede, on n'en obtiendra rien de plus en le
tenant en prifon : au contraire, on l'irrite par
cette rigueur déplacée, & on le difpofe à
cacher avec humeur, à fes Créanciers, les
moyens qui pourroient leur être avantageux
pour les rentrées. Tout fe fait mal dans fon
commerce, parceque tout fe fait fans celui qui
a difpofé la machine : la liquidation devient

R iij

lente & coûteuse : ceux des Créanciers auxquel. les fonds, engagés dans cette interminable affaire, seroient utiles pour remplir les promesses qu'ils ont faites eux-mêmes, se trouvent par ses lenteurs, à la gêne, & faillent à leur tour.

Oui, la difficulté de terminer une affaire malheureuse en entraîne une quantité d'autres : non seulement cette suspension totale d'un commerce nuit à ceux auxquels il est dû ; mais encore à ceux qui, ayant du crédit chez celui qui vient de faillir, lui ont donné des commissions sur lesquelles ils comptent. Arrive le temps où elles devoient leur être nécessaires ; la faillite est déclarée ; leurs commandes restent suspendues ; avec quoi garniront ils leurs magasins ? ils perdent les bénéfices d'une saison, bénéfices sur lesquels ils avoient compté pour un paiement difficile. Si pourtant, sans cette ressource, ils parviennent à parer ce coup imprévu, s'ils paient ; leurs magasins n'en sont pas moins vuides, ils n'attirent point les achetteurs & leurs pratiques s'habituent à aller se pourvoir ailleurs ; tôt ou tard, ils en sont frappés.

Pénétrés de ces raifons, nous avons bien vu que la contrainte par corps eft utile au maintien du bon ordre & à la fureté des créances, parceque cette rigueur empêche de contracter des engagements avec légéreté ; auffi doit-elle être fcrupuleufement obfervée, lorfqu'il y a un refus fimple de paiement : car un protêt contre un Particulier qui garde le filence, annonce de la mauvaife foi ou de l'inconféquence. Mais lorfqu'un Citoyen qui doit, dépofe le tableau de fon état entre les mains de la loi, lorfqu'il livre tout à fes Créanciers, lorfqu'il s'offre pour prouver juridiquement qu'il n'eft que malheureux, pourquoi refuferoit-on de l'écouter ? en lui raviffant fa liberté, on lui ôte la force, & prefque les moyens de fe défendre ; cependant il ne peut avoir contre lui le foupçon d'être un fourbe, car il refte volontairement fous la verge de la loi, au centre de fa Patrie, au milieu de fes Concitoyens, dans un inftant où tous les yeux font ouverts fur lui.

Que notre vénération pour un peuple refpectable, ne ferme pas nos yeux fur les maux

que l'imitation de f_s loix antiques caufe parmi nous. Si nous devons imiter Rome, imitons la du moins dans des fiecles plus proches,
lorfque le premier des Céfars crut néceffaire de mitiger, fur le fait dont il s'agit,
l'âpreté des loix des douze tables, loix pro-
mulguées dans des temps féroces (*a*). Alors
nous dirons qu'un débiteur après avoir remis
fon bilan au greffe de la juftice, doit être
exempt de la prife de corps pour fait de fes
dettes. Il ne doit plus être expofé qu'au decret de prife de corps ou d'ajournement,
felon l'exigence des cas, pour caufe d'accufa-
rion vraifemblable, de mauvaife foi dans fon
bilan ou de lézion faite à fes créanciers,

***

(*a*) Jules Céfar accorda le bénéfice de la ceffion aux
Débiteurs malheureux ; il ne fubfifta de contrainte par
corps, la ceffion faite, que pour ceux accufés de ftel-
lionat ou de dol. Nous avons fuivi ce Réglement jufqu'à l'Ordonnance de Moulins qui condamne à la
contrainte par corps, Article 48 : tout ce que nous
demandons ici, c'eft qu'on le fuive encore ; c'eft que
nous nous imitïons nous-mêmes dans les chofes qui
n'ont point été démontrées vicieufes.

par des manœuvres condamnables, ou d'autres crimes publics. En un mot, il feroit aux
yeux de la loi, ce que font tous les autres
citoyens : on ne l'emprifonneroit pas, de là
qu'il eftdans l'impoffibilité de remplir fes engagements ; on le puniroit s'il étoit coupable.

Un Marchand qui auroit fait une faillite,
après s'être mis fous les yeux de la loi, refteroit paifiblement dans fon habitation, jufqu'à ce que la loi l'eût reconnu coupable. Il
y refteroit, pour mêler fes larmes à celles que
répand fa famille fur leur malheur commun ;
pour ferrer dans fes bras des enfants qui
font les délices de fon cœur ; pour confoler
une tendre époufe, raffurer fa timide foibleffe par une conftance virile digne d'une
ame fans reproche : il refteroit, pour donner
à fes créanciers les éclairciffements néceffaires ; pour régler lui même fous leurs yeux
& avec des adjoints choifis dans leur nombre, les affaires entamées avant fon malheur :
ceux qui d'abord avoient douté de fa probité, apprendroient à le connoître, en le fui-

vant de plus près dans ſes opérations. Alors,
ſans doute, la plupart des faillites finiroient
par atermoiement, avec l'homme honnête ;
& la loi vigilante épieroit le méchant pour
le punir.

L'HUMANITÉ ne permet pas de laiſſer tout
d'un coup, ſans ſecours, un marchand infortuné : même l'on n'auroit paré qu'à une partie des inconvénients qui réſultent de la contrainte par corps, ſi la loi en accordant au
débiteur ſa liberté, ne lui aſſure les moyens
de ſubſiſter pendant les premiers temps.
Toujours une faillite eſt ſuivie de procédures
civiles, ſouvent longues à terminer, relatives aux droits de l'épouſe du débiteur, aux
autres prétentions de privilege, & à divers
incidents qu'on ne peut prévoir. Par l'abandon qu'a fait le débiteur de tous les titres an-
térieurs à la dépoſition de ſon bilan, il ſeroit,
ſans doute, autoriſé à contracter de nouveaux
engagements, puiſqu'il ne ſeroit pas ſous le
decret, & qu'il jouiroit par là du privilege
d'un citoyen libre : mais avec qui contracte-

ra-t-il, & pour quel objet, tant que le chaos
de ſes affaires ne ſera pas débrouillé ? S'il ne
doit point être ſecouru pendant ce temps, il
faut forcément qu'il dérobe à la maſſe.

Si un débiteur travaille à la liquidation de
ſon commerce pour le compte de ſes créanciers, il paroît juſte qu'il ſubſiſte à leurs frais
pendant ce temps : alors l'on pourroit lui
octroyer tant pour cent ſur les rentrées qu'il
feroit faire, ce qui ſeroit un nouveau motif
pour accroître ſon zele à l'avantage de ceux
auxquels il doit. Mais ſi ces créanciers ne
l'emploient pas, lui accordera-t-on une ſomme, à prendre ſur les fonds trouvés dans ſa
caiſſe, à l'effet de fournir à ſon entretien depuis l'inſtant de l'abandon par lui fait au profit de ſes créanciers, juſqu'au moment où
ceux ci l'auront accepté par un acte authentique ? ces gens, qui perdent enfin, peuvent-ils être forcés de l'entretenir ? Si pluſieurs faillites peuvent à la rigueur ſupporter
cette charge, il y en a de ſi modiques qu'il
feroit impoſſible d'aſſigner, ſur un auſſi petit
principal, un fonds ſuffiſant. Que prendre

sur cinq ou six mille francs ? que retrancher, pour secourir un débiteur, à des créanciers qui ont eux-mêmes besoin d'être secourus ? Les intéressés dans ces petites faillites, sont communément misérables. Cependant il est juste que celui qui a failli par accident de mille écus, ait le même avantage que celui qui a failli de plusieurs millions. La loi ne met entre les hommes d'autre différence que la probité.

Chaque marchand est exposé aux revers imprévus du commerce. Celui qui a gagné est à la veille de perdre ; riche aujourd'hui, il sera pauvre demain. Les intérêts d'un marchand malheureux, sont les intérêts de tous ses confreres : c'est à eux à soulager des maux qui peuvent les frapper à leur tour. Pourquoi, dans chaque ville, ne formeroit-on pas une caisse de commerce à laquelle tous les marchands contribueroient. Les fonds en seroient destinés à sustenter le commerçant malheureux : il requerroit de ses confreres des secours qu'on ne lui refuseroit pas. Le commerce lui-même auroit soin de ses membres infortunés ; il nouriroit le débiteur infolvable, jufqu'à ce que fes affaires fuffent finies ! je me perfuade qu'on en viendroit à prêter aux malheureux des fonds de la caiffe, afin de réparer les brêches qu'il n'a pas été maître d'empêcher.

Riche marchand ne répugne point à cette contribution honorable pour l'humanité ; ne t'enorgueillis pas de ton opulence ; ne condamne point cet établiffement ; attends encore un jour, peut-être demain tu conviendras de fon utilité.

Les marchands de toute efpece contribueroient fuivant leurs pouvoirs à alimenter ce fonds, & tous, en cas d'infortune, en bénéficieroient felon leurs charges. On diftingueroit peu les plus forts, des moindres ; parceque tous font Hommes. Je me complais à placer les hommes à côté les uns des autres, la fraternité qui naît de la Communauté d'intérêts, ne peut qu'avoir une influence favorable aux mœurs.

Enfin, il eft certain que ce que nous pro-

poſons , eſt d'accord avec l'équité morale ;
avantageux à la ſociété , à l'Etat , aux intérêts
réciproques des citoyens ; favorable au commerce même. Nous voudrions que quel que
ſoit l'état d'un ſujet du Souverain , la forme
des procédures fût à ſon égard la même que
pour ſes compatriotes : que ce qui eſt crime
pour l'un , fût crime pour tous ; & que ce qui
n'eſt que malheur , ne devînt pas crime ſelon les circonſtances où la vie civile nous
auroit placés : que le Magiſtrat n'eût qu'une
ſeule meſure de préſomptions ; la loi, qu'un
code ; le citoyen , qu'une regle unique de
conduite. *Abhorrer ce qui eſt mal , aimer ce
qui eſt bien, ſeroient tous les devoirs de l'homme ;* nul ne ſeroit expoſé à perdre ſa liberté ,
avant qu'on puiſſe l'accuſer d'y avoir man-
qué.

Avec tout cela , j'ai lieu de m'attendre que
je trouverai beaucoup de contradicteurs ; je
les conjure , du moins , de vouloir bien appuyer leur opinion du cri de l'équité , & de
celui de l'intérêt raiſonnable. Ou je me
trompe fort , ou l'intérêt leur dira : *anéan-*

*tiſſez la contrainte par corps exercée contre un Marchand qui a dépoſé ſon bilan , & les dé-*pôts que vous aurez confiés au commerce ſeront plus aſſurés. Jamais peut être il ne ſe fera de faillite où la perte ſoit conſidérable. Dès qu'un marchand s'appercevra d'un vuide dans ſon avoir , n'ayant point à ſubir le déſagré-ment d'un decret ni la fâcheuſe conféquence qui en émane pour ſon crédit , il ira d'abord à ſes créanciers pour aviſer les moyens d'en prévenir les ſuites : il ne s'abandonnera point à des ſpéculations dangéreuſes pour réparer la brêche de ſa fortune.

Aujourd'hui il n'y a point de faillite qui ne préſente une perte effroyable , parceque les remedes extraordinaires qu'on emploie , ſouvent pendant pluſieurs années, pour gué-rir les plaies d'un commerce , ne ſervent qu'à les envenimer davantage. Vient le moment où l'on ne peut plus reculer , & alors le mal eſt à un tel période , le vuide eſt ſi prodi-gieux, que le marchand même , qui n'a été qu'infortuné , n'oſeroit préſenter ſon bilan avec aſſurance.

(34.)

Page 131. Les Arts fuivent la profpérité d'un Etat, mais n'en font point la fource. Ils ne font pas non plus caufe de fa décadence, ils l'annoncent ; parceque quand on a fini de monter, il faut defcendre.

Prefque tous les Politiques, les Moraliftes, les Savans , fe font mépris à l'égard de ces deux obfervations. Les uns ont exalté les arts avec trop d'enthoufiafme ; les autres les ont condamnés avec trop d'aigreur : c'eft , que *l'homme ne fait qu'être extrême.*

Nous n'approuvons pas qu'on les condamne : nous les aimons & nous les cultivons avec plaifir ; notre regret eft de ne le pas faire avec autant de fuccès que nous le fouhaiterions.

Peut-être il feroit heureux pour l'homme qu'il ne les eût jamais connus ; mais ils exiftent & ils plaifent, le peut-être ne fait plus rien : c'eft fous ce dernier point de vue qu'il faut les confidérer.

Alors nous dirons d'eux , comme nous l'avons

l'avons dit du commerce , que ce qui nous les rend néceffaires, c'eft que nos voifins les cultivent. Qu'il faut les protéger , les encourager, les récompenfer même ; mais furtout *les régler.* Une peinture peut exciter à la vertu comme au vice. Un artifte licencieux eft autant puniffable qu'une fille qui fe proftitue, fa beauté ne l'excufe que pour les *cœurs corrompus* (a).

Au refte, une belle roue de voiture me plaît autant qu'un beau tableau. Ici le vifage des rieurs s'afférénit, leurs bouches s'étendent en fe rapprochant des oreilles, leurs yeux ont prefque difparus : les Cyniques ne font pas mes gens, & je continue.

Je me plais autant, dis-je, à voir une roue qu'un tableau ; mais j'aime mieux un tableau qu'une roue : car une roue eft bientôt vuë, & fon impreffion refte facilement dans la

---

(a) Nous difons *cœurs corrompus* , en nous fervant de l'expreffion ordinaire, afin de nous faire entendre : car, à raifonner philofophiquement, ce n'eft jamais *je cœur qui fe corrompt ; c'eft le jugement qui fe trouble.* J'ai occafion d'en parler dans un autre ouvrage.

S

mémoire pour méditer enfuite. Au lieu qu'il faut méditer fur un tableau en le voyant, fans quoi l'on perdroit une partie de fes beautés ; & il faut bien du temps pour le voir. Cependant je détourne les yeux du tableau qui demeure, pour les porter fur la roue qui fuit; parceque je chéris tous les arts, & que les ouvrages des hommes me font tous précieux : mais enfin, en regardant la roue, ce n'eft pas le Charron qui obtient mon hommage, c'eft le Géometre qui l'a tracée, & le Phyficien qui a calculé fon effet & fon mouvement.

(35.)

Page 131. La Médecine eft une fcience qui mérite notre vénération. Quelle fublimité dans l'acte de ces hommes qui fe font dévoués les premiers à fecourir la nature défaillante! Leur ame élevée s'arma avec courage, contre la terreur que devoient leur caufer les images funebres dont ils favoient bien que leurs yeux alloient être frappés. Mais tout ce dont les hommes ufent, les hommes le corrompent : les Sectateurs de ces premiers Philofophes, n'imiterent bientôt

plus leurs vertus. Ce qui étoit simple ne leur
parût plus assez beau : ils s'envelopperent,
avec art dans les tissus brillants du pompeux
charlatanisme ; & défigurerent ainsi cette pré-
cieuse naïveté qui caractérisoit les opinions
de leurs Maîtres.

Alors l'on mît en doute si la Médecine
étoit un Art salutaire : Rome, dans les temps
de la République, repoussa de son sein
ceux qui s'y étoient introduits pour l'exercer.
Les antiques Romains, sans doute, jugerent
avec un sens grossier, la subtilité des discours
de ces hommes (qui peut-être étoient de
bonne foi) ; & n'y entendant rien , ils ne
voulurent pas les entendre. Leurs descendants, plus éclairés , ne condamnerent point
aussi facilement ce qu'ils n'entendoient pas :
ils avoient appris qu'il faut écouter avant
de décider , & ils écouterent d'un sens rassis :
ils furent distinguer le fond de la science,
des absurdités avec lesquelles on avoit cru la
décorer ; absurdités qui avoient révolté trop
promptement leurs ayeux : ils virent qu'en
réglant la Médecine , elle pouvoit être utile :

ils l'admirent, la réglerent, & le Peuple s'en trouva bien.

Il n'eſt pas ici queſtion de raiſonner mé-taphyſiquement ſur cette ſcience ; d'exami-ner ſi ſon pouvoir peut balancer les forces de ce qu'on nomme *fatalité , néceſſité , nécef-faire* ; ni de calculer juſqu'à quel point ce pouvoir peut s'oppoſer aux arrêts écrits ſur le livre des deſtinées. L'Editeur de ce livre eſt encore à naître ; le précieux manuſcrit n'en eſt pas connu ; nous ne ſavons rien ; & comment faire pour raiſonner ſur rien ? Nous ignorons cet art, parconſéquent il faut attendre ; mais en attendant, nous allons parler de la Méde-cine , ſous l'aſpect qui frappe inconteſtable-ment nos ſens : nous ne voulons qu'examiner rapidement ce qu'elle paroît être dans l'ordre politique.

Il ſemble au *lourd* raiſonnement, que les remedes guériſſent, ou tout au moins qu'ils aident la nature à ſe guérir elle-même. Il ſemble auſſi qu'ils tuent, ou qu'ils peuvent tuer, lorſqu'ils ſont adminiſtrés mal-à-propos.

Les *subtils* auroient bien matiere à une quantité de *diftingo*, mais nous avons dit *il femble*. Le Public *épais* croit que la Médecine lui eft falutaire; avec cette ferme croyance, la préfence du Médecin tranquillife affurément un malade : oh ! à cela les *fubtils* n'ont rien à dire.

Ce principe reçu, la Médecine eft néceffaire ; s'il étoit bien démontré qu'elle guérit quelquefois, elle le feroit bien davantage : mais fi ce dernier point n'eft pas démontré, l'opinion contraire l'eft tout au moins auffi peu. Les Partifans de la fatalité ont befoin de produire encore bon nombre de témoins pour que la balance panche fenfiblement de leur côté. Ainfi il faut fuppofer, de la Médecine , qu'elle guérit ; & les conftitutions politiques, en confidérant le fantôme vacillant des opinions humaines , doivent fagement fe déterminer d'après cette fuppofition. Alors on s'étonnera que les Gouvernements négligent fi fort un objet qui paroît être d'une conféquence infinie.

Quand l'on fonge à la difficulté de cette

ſcience, à la multitude de connoiſſances néceſſaires pour former un Médecin, à peine
trouve-t-on dix hommes, dans une grande
Cité, capables d'y parvenir : cependant il n'eſt
de nos jours ſi mince Apothicaire qui ne
faſſe le Médecin. Lorſqu'on voit nos Villes
remplies de perſonnages qui ordonnent des
remedes, l'on s'effraie pour l'humanité.

Pluſieurs fois, ceux qui ont la qualité de
Médecins, ſe ſont élevés contre des abus
auſſi pernicieux. Les Gouvernements ont regardé ces altercations, comme des diſputes de
Corps qui s'efforcent de maintenir leurs prérogatives & leurs droits ; & ce n'eſt point
ainſi qu'il faut les voir : il s'agit de la ſanté,
de la vie des Citoyens ; ces diſcuſſions ſont
l'affaire de l'Etat.

A Mesure que la Médecine s'eſt enrichie,
en devenant plus étonnante, elle eſt devenue trop difficile pour permettre, au premier enthouſiaſte, de s'écrier : *Venez à moi,
je ſuis Médecin !* Un homme doit être décidé
capable par les gens de l'Art, pour qu'on l'au-

torife à exercer ; & l'examen de celui qui fe préfente pour veiller à la fanté des Citoyens, n'eft pas un petit objet.

Lorfque Rome eut admis les Médecins, ils furent à la charge du fifc ; la vie des hommes lui parût autant précieufe que leur fortune : elle regardoit, comme également important d'envoyer dans fes Provinces, un Médecin qu'un Magiftrat. Chaque Ville avoit fes Juges, chaque Ville avoit auffi fes Médecins ; l'Etat les payoit, & ils étoient obligés de fecourir indifféremment tous les malades, pauvres ou riches, comme le Magiftrat eft obligé de rendre la juftice à tous. Il eft bien furprenant que ce falutaire Réglement n'ait été fuivi par aucune Nation ; que par-tout on ait laiffé exercer la Médecine, comme fi elle étoit un fimple métier uniquement deftiné à faire vivre celui qui s'en occupe. Les Gouvernements femblent la regarder comme une profeffion ordinaire : le Public feul y met le prix de l'opinion & celui de la récompenfe.

Si l'on ne peut faire revivre la fage police

des Romains, du moins il feroit à fouhaiter (quant à l'exercice d'un Art qui touche de fi près à la vie des Sujets), qu'avec foin l'on renferma chacun dans le cercle de fes fonctions; que l'Apothicaire compofa les drogues & les vendît; que le Chirurgien fit les opérations qui le concernent; & que le Médecin, obfervateur des effets phyfiques, ordonna feul les remedes & le régime.

Ces trois objets, la compofition des drogues, l'art d'opérer, & l'obfervation des effets phyfiques, concourent enfemble à former le Médecin. Il eft aifé de voir par-là, que malgré les foins qu'on a pris, nous fommes encore loin d'avoir un plan d'étude convenable à une fcience autant étendue & auffi importante.

Q u o i q u e nous ayons formé le fouhait que chacun fe renferme dans le cercle de fes fonctions, que le Chirurgien s'en tienne à opérer; cependant nous ne doutons pas que dans le nombre des Chirurgiens, il n'y en ait à préfent plufieurs très en état d'exercer la

M édecine. Ceux-là font Médecins: car, comme l'on fait, l'acte de réception n'eſt pas toujours un titre ſuffiſant aux yeux de la raiſon, pour qu'elle décide de la capacité.

Il est des Chirurgiens dont les fonctions exigent qu'ils réuniſſent, à la connoiſſance de leur art, les notions néceſſaires au Médecin : les Chirurgiens deſtinés à s'embarquer ſur les vaiſſeaux, ſont dans ce cas. L'on a fait en Angleterre à leur ſujet un réglement ſage, que dans nos mœurs on ne pourroit peut-être ſe diſpenſer d'ajouter à ce qui ſe pratiquoit chez les Romains, relativement à la Médecine, ſi l'on adoptoit leur uſage. Un Chirurgien de vaiſſeau reçoit du Gouvernement, au retour d'un voyage, outre les honoraires dont on eſt convenu, une guinée de gratification, pour chaque homme de l'équipage qu'il ramene en ſanté.

Il eſt affreux, ſans doute, qu'on ait pu penſer qu'une guinée étoit néceſſaire pour engager un homme à veiller avec zele à la ſanté de ſon ſemblable; mais il eſt beau pour le Gouvernement de l'avoir offerte.

(36.)

Page 137. Bien loin de multiplier la Nobleſſe, il faudroit la rendre toujours plus rare, & toujours plus difficile ; afin qu’elle devînt de plus en plus efficace. Cependant toutes les conſtitutions paroiſſent agir en ſens contraire : par-tout, on a négligé de réſerver, pour elle ſeule, les prérogatives qui, dans les premiers temps, la diſtinguoient des autres Ordres de l’Etat : par-tout, on a indiqué mille moyens pour l’acquérir.

Sans doute, il faut laiſſer à tous les citoyens le droit d’y prétendre : le Prince la doit accorder à la vertu ; & la richeſſe doit pouvoir former l’eſpérance d’y parvenir : car il eſt avantageux pour un état qu’il y ait des citoyens qui ſe livrent aux profeſſions lucratives, leur fortune eſt un témoignage de leurs travaux.

Mais, après tout, ce ſecond ordre de perſonnes qui parviennent à la Nobleſſe, en travaillant pour l’Etat, a travaillé pour lui-même. La richeſſe de ces citoyens ſemble déja une récompenſe aſſez grande ; s’ils veu-

lent des honneurs ; il eſt juſte qu'ils les acquierent par un ſacrifice, fait en faveur de
l'Etat, d'une partie de cette fortune qu'ils
ont gagnée ſous la protection de ſes loix.

Ce fut, ſans doute, ce motif qui porta le
Gouvernement à créer les Charges qui donnent à ceux qui les poſſedent la nobleſſe
héréditaire : mais, dans le même temps, les
beſoins du fiſc demandant de prompts ſecours, on ne prit pas garde que l'on ſortoit
des bornes de cette ſage intention. En effet,
dès le principe, on s'en eſt ſingulierement
écarté.

On n'exigea qu'un ſacrifice fictif de ces
hommes auxquels l'on accordoit les Charges
annobliſſantes : on leur fit ſimplement l'em-
prunt d'une ſomme qui portoit intérêt, &
de laquelle ils pouvoient ſe faire rembour-
ſer par un ſucceſſeur. C'étoit acquérir, à
bien bon marché, les exemptions de tailles
perſonnelles, de corvées, de logement de
gens de guerre ; & obtenir, en même temps,
une quantité d'avantages, pour ſoi & pour
ſa lignée : auſſi ne manqua-t-on pas d'acheteurs.

Ce n'est pas tout encore. Celui qui avoit acquis la noblesse pour son argent, se trouva plus favorisé, que celui auquel le Souverain l'avoit accordée comme une récompense due à son mérite. Non seulement celui qui avoit acheté une Charge se trouva être noble, lui & ses descendants; mais, qui plus est, il sembla avoir obtenu l'étonnant privilege de communiquer la noblesse à quelqu'un de ses parents ou de ses amis; puisqu'il étoit autorisé à vendre la Charge annoblissante après l'avoir exercée pendant quelques années; & qu'alors elle avoit, sur le nouveau possesseur, le même effet qu'elle avoit eu sur lui. Ainsi, le nombre des Nobles s'est accru, sans avantage pour le fisc, & au détriment des autres citoyens : car les taxes dont tous ces nouveaux Nobles se sont trouvés exempts, n'ont pu manquer de refluer sur le peuple.

Nous ne voulons point priver les citoyens opulents de l'espoir d'acquérir la noblesse par leur fortune; mais enfin nous souhaiterions que cette acquisition procurât toujours au Gouvernement , un avantage pareil à celui qu'il a retiré de la premiere vente des Charges annoblissantes. Nous croyons appercevoir un moyen pour y parvenir.

En laissant subsister les Charges annoblis-santes , nul n'auroit le droit d'y parvenir, s'il n'étoit déja noble , ou s'il n'avoit passé quelques années dans une classe intermé-diaire entre la Noblesse & la roture : je m'ex-plique.

Tout homme qui désireroit acquérir la no-blesse , exposeroit ses prétentions au tribunal des Nobles. Ces tribunaux , établis dans cha-que province , seroient composés de l'élite de cet Ordre respectable ; & rendroient compte de leurs opérations à la Cour des Pairs du Royaume , comme étant les seuls Juges Souverains en fait de noblesse.

L'on examineroit dans ces tribunaux les prétentions des Candidats. Si on les admet-toit, l'on exigeroit d'eux une somme au pro-fit du trésor de l'Etat : somme absolument sacrifiée , qui ne porteroit point intérêt ; mais

au moyen de laquelle le Candidat jouiroit
de la nobleſſe perſonnelle, pour tout le temps
de ſa vie ; & obtiendroit le droit d'acheter,
après dix années révolues depuis l'inſtant
où ſon nom auroit été inſcrit dans la liſte
des Nobles, une des Charges deſtinées à procurer la nobleſſe héréditaire.

L'on ne changeroit rien à ce qui eſt établi
à l'égard de ces Charges ; il faudroit toujours
que les poſſeſſeurs mouruſſent dans le temps
qu'ils les exerceroient, ou qu'ils en euſſent été
revêtus le temps ſuffiſant, pour que leur lignée acquît les privileges des Nobles d'extraction.

Si un prétendant à la nobleſſe mouroit
dans l'intervalle de cette eſpece de noviciat
de dix ans ; il reſteroit à ſes enfants la nobleſſe perſonnelle, & le droit d'acquérir des
Charges annobliſſantes, ſans qu'ils fuſſent
tenus de fournir une nouvelle finance à
l'effet de paſſer dans cette claſſe intermé-
diaire dans laquelle étoit leur pere lors de
ſa mort ; puiſqu'ainſi ils doivent avoir hé-
rité de tous ſes droits. Même, il paroît con-

venable que, dans un cas pareil ce foir, aſſez qu'un des fils achette une de ces Charges, pour que ſes freres aient obtenu la nobleſſe héréditaire : car ſi leur pere n'a point acheté lui-même, c'eſt que la loi le contraignoit à dix années de noviciat, dont le terme n'étoit point encore expiré au moment de ſon décès.

Mais ſi, après avoir fini ces dix années, il s'étoit écoulé plus de deux ans ſans que l'aſpirant eût fait une ſoumiſſion ſuffiſante pour aſſurer que s'il n'a pas acheté une Charge, c'eſt qu'il n'en a pas trouvé à vendre : ſi alors, dis-je, il venoit à mourir, ſon fils aîné, ou celui de ſes enfants qui feroit ſon héritier, auroit ſeul acquis le droit d'obtenir la nobleſſe héréditaire, ſans fournir d'autre finance, que celle qui eſt néceſſaire à l'acquiſition de la Charge. Dans les deux cas, s'il ſe paſſoit un génération ſans l'acquérir, le privilege de l'ayeul n'auroit aucune influence ſur le petit-fils; il faudroit qu'il obtînt par la même voie la nobleſſe perſonnelle, pour prétendre à la nobleſſe héréditaire.

Nous croyons qu'on peut laisser arbitrer la taxe des Candidats , par des tribunaux composés de l'élite de la Noblesse : il est à désirer que cela soit ainsi ; car l'inégalité des fortunes des aspirants , comporte que l'équité exige plus des uns que des autres. Certainement celui qui a accumulé , dans les professions lucratives , un capital d'un million , doit faire pour acquérir la noblesse , (toutes choses égales d'ailleurs) un sacrifice plus considérable que celui qui n'a gagné que cent mille livres. Il est aisé de voir que par là ils auront payé l'un & l'autre avec égalité.

Ce tribunal & l'arbitrage que nous désirons qu'on lui laisse , seroient deux sources fécondes d'énergie, pour la probité. Toutes voies pour parvenir à la fortune , ne sont pas pareillement licites. Les chefs des Nobles , scrutateurs de la vie privée des Candidats, repousseroient du tribunal ceux qu'ils jugeroient absolument indignes de prétendre à la noblesse. On doit autant redouter d'en décorer le méchant, que de livrer un innocent au

fer

fer de la loi ; la conféquence pour les mœurs en eft fans doute plus fatale.

Souvent il y a, contre un homme, les apparences les mieux fondées ; mais, tant que le Magiftrat n'a point de preuves fuffifantes pour lui infliger la peine, il ne doit pas être déchu des droits qu'ont les autres citoyens. On ne peut donc lui refufer la nobleffe qu'il demande par une voie ouverte à tous les gens opulents ; mais, ne l'ayant pas méritée, on la lui rendroit difficile : on la mettroit pour lui à un prix fi haut, qu'il feroit contraint de renoncer à fa prétention, à moins d'abandonner une partie confidérable de fa fortune. Cet abandon, dans le cas où il accepteroit une condition fi onéreufe, feroit une amende aux mœurs qu'il a bleffées.

D'autre part, on pourroit alléger la taxe pour l'homme vertueux. Cette faveur, mife en parallele avec la punition du méchant, feroit une force puiffante pour retenir dans les bornes de l'honneur, ceux qui travaillent à leur fortune : car on ne cherche à s'enrichir

T

que pour acquérir de la confidération. Si dans la fuite le fifc y perdoit, parceque les taxes deviendroient toujours moindres ; la fociété & l'Etat auroient gagné à coup fûr un avantage bien précieux, *les mœurs des citoyens.*

L'opinion ne tarderoit pas à marquer d'une tache flétriffante, non feulement ceux qui feroient repouffés du tribunal ; mais ceux même qui n'auroient pas ofé s'y préfenter. Chacun alors s'emprefferoit à fe faire infcrire dans la claffe des Nobles, dès que fa fortune le lui permettroit : cet acte feroit, aux yeux de la nation, un certificat authentique de fa probité.

Il est aifé de voir que cette claffe intermédiaire, par laquelle nous voudrions qu'on obligeât les roturiers de paffer avant qu'ils puffent acquérir la nobleffe héréditaire, outre l'avantage qu'on pourroit en retirer relativement aux mœurs des citoyens, auroit une influence politique favorable au fifc, & convient aux principes de juftice civile , qui caractérifent une adminiftration fage.

Si le Candidat avoit démenti, dans l'intervalle des dix années de fon noviciat, la préfomption favorable qui lui avoit obtenu le droit de prétendre à la nobleffe héréditaire , le Souverain la lui refuferoit : mais dans ce cas , il faudroit qu'un jugement public le déclarât déchu de fa prétention ; fans quoi celui qui a déja livré au tréfor de l'Etat une partie de fa fortune , pourroit être une victime innocente des impreffions infidieufes de l'envie. L'équité proclame d'une voix terrible ce principe conftant : *l'on ne peut condamner un citoyen , avant de lui avoir dit les motifs de fa condamnation ; & avant d'avoir écouté fa réponfe.* Nulle confidération ne doit fermer nos oreilles à ce cri facré.

A L'ÉGARD du fifc , l'influence de ce que nous propofons , n'eft point équivoque. Chaque année, il entreroit dans le tréfor de l'Etat des fommes confidérables, que porteroient les Particuliers auxquels leur fortune

Tij

ne laisseroit plus à desirer que les distinctions: chaque année, se renouvelleroit l'avantage des premieres ventes, & plus encore ; car les fonds reçus par le fisc, n'étant point grévés d'intérêts, pourroient pleinement être employés aux besoins de l'Etat.

Il nous reste à prouver la justice de notre proposition, cela ne nous paroît pas difficile. La récompense la plus forte, la mieux sentie que le Souverain puisse accorder au mérite, vaut bien sans doute, pour celui qui n'est qu'*opulent*, un léger sacrifice. Evaluons à son juste taux ce que c'est que la Noblesse ; sentons bien de quelle conséquence il est de ne l'accorder jamais sans un motif légitime ; & un noviciat de dix années ne nous paroîtra pas une trop longue épreuve.

Il faut qu'un Militaire emploie vingt années au service de l'Etat, pour qu'il obtienne la noblesse ; & ce seroit assez pour l'homme riche, de prêter à l'Etat, pour vingt ans, une somme qui lui produit intérêt ! Si un Militaire doit rester vingt ans exposé à verser son fang pour la Patrie ; ce n'eft pas trop, fans doute, que celui qui n'a d'autre droit à allé-guer que fa fortune, attende trente ans la nobleffe.

Le Gouvernement accorde, à l'Officier, cette faveur, pour le confoler de fon patri-moine diffipé en le fervant ; & il l'offre à l'homme riche, comme un témoignage que fa fortune eft acquife par des voies licites. Certainement il n'eft pas exceffif d'exiger, du dernier, qu'il facrifie une fomme, & qu'il attende dix années de plus : il eft jufte de dif-férencier par quelque point, celui qui s'eft appauvri péniblement, de celui qui s'eft pai-fiblement enrichi. Il eft jufte auffi que l'un & l'autre foient différenciés de celui que le Souverain décore pour une action d'éclat, ou pour un mérite fouvent éprouvé & tou-jours reconnu : fans doute, cet homme doit jouir de toutes les prérogatives d'un noble d'extraction, dès l'inftant que le Prince l'a nommé.

Enfin, pour engager dans tous les temps à

defirer la nobleffe , il faut la diftinguer avec
foin de la roture : il n'eft pas néceffaire que
ce foit par des exemptions ; il fuffit qu'on lui
accorde la confidération , le rang & les honneurs qui lui font dus.

Les Tribunaux dont nous avons parlé in-
terdiroient l'ufage des objets caractériftiques
de la Nobleffe , aux Particuliers qui n'ont
point le droit de s'en parer. Ils veilleroient, à
ce que le Roturier opulent ne chamarrât point
les habits de fes Domeftiques , des livrées
défignées pour les gens du Noble ; à ce que
nul ne pût prendre des titres , fi ces titres ne
lui étoient dus. Sans doute en faifant obferver avec rigueur cette police , le nombre
des *petits Marquis* diminueroit dans nos grandes Villes : mais ainfi , chacun feroit dans
l'ordre ; nul ne fe ruineroit pour perfuader
qu'il n'eft pas *lui* , au facile Marchand qu'il
veut tromper.

Les armoiries feroient pour les Nobles ;
les autres Citoyens ne pourroient avoir que
des chiffres : même parmi les Nobles, on
diftingueroit les divers rangs. Les Pairs, &

ceux dont la famille eſt illuſtrée , auroient
ſeuls le droit d'accoſter leur écuſſon de ſupports : les gens titrés le ſurmonteroient des
couronnes qui conviennent à leur titre : les
ſimples Gentilshommes y mettroient un caſ-
que : & ceux qui ne ſont encore que Nobles ,
ne pourroient avoir qu'un écuſſon nud , ſans
ſupports ni couronnement.

Les Tribunaux de la Nobleſſe auroient à
leur ſuite des Héraults qui tiendroient un
livre d'honneur , ſur lequel ſeroient enregiſ-
trés les noms & armes de toutes les familles de la Province. Les Nobles auroient ſoin
d'y faire inſcrire les événements & les actes
relatifs à leur qualité ; ainſi que les époques
de mariages, de naiſſances ou décès arrivés
dans leur famille : afin que ce livre fût un
Tableau fidele de l'Etat actuel de la Nobleſſe ; & que dans tous les temps on pût y retrouver, avec exactitude, le fil intéreſſant
d'une illuſtre Généalogie. Un double de ce
livre ſeroit conſervé dans les Archives du
Tribunal Suprême ; pour être plus aſſuré de
dérober, à la furie du temps, ce dépôt reſpectable. T iv

Ces Tribunaux, conſervateurs des droits de la Nobleſſe, établis pour décider les griefs qui la concernent, entierement compoſés de l'élite des Nobles, auroient intérêt de faire obſerver tous ces Réglements. Chaque année, ils convoqueroient les Nobles pour qu'ils fiſſent la répartition de leurs taxes ; & préſideroient à ces Aſſemblées : ils recevroient les cotes, & en tiendroient compte au fiſc. Repréſentants naturels & permanents de la Nobleſſe de leur Province, leurs fonctions feroient aſſez glorieuſes ! L'honneur eſt l'aiguillon *inémouſſable* des grandes ames ; les Membres de ces Tribunaux s'empreſſeroient, ſans doute, à remplir leurs devoirs avec zele & avec équité : mais quels émoluments offrir, pour leurs ſoins, à des hommes d'une illuſtre origine ? Le ſeul qui puiſſe intéreſſer leur cœur, LA GLOIRE D'ÊTRE UTILES A LEUR PATRIE.

(37.)

Page 147. DANS les premiers temps de l'Egliſe, les Miniſtres de la Religion ne ſubſiſtoient que des offrandes & des aumônes que leur faisoient les fideles ; cependant ils contribuoient comme les autres sujets aux charges de l'Etat. Jesus Christ fit payer la taxe pour lui & pour Saint Pierre ; & l'Evangile, ce livre saint & sublime, nous apprend qu'il dit aux Pharisiens ces mots remarquables : *Reddite ergo quæ sunt Cæsaris, Cæsari ; & Dei, Deo* (a).

(a) Tunc abeuntes Pharisæi, consilium inierunt ut caperent eum in sermone ; & mittunt ei discipulos suos cum Herodianis dicentes : Magister, scimus quia verax es, & viam Dei in veritate doces, & non est tibi cura de aliquo ; non enim respicis personam hominum : dic ergo nobis quid tibi videtur, licet Censum dare Cæsari, an non ? Cognita autem Jesus nequitia eorum, ait : quid me tentatis hypocritæ ? ostendite mihi Numisma Census. At illi obtulerunt ei Denarium : & ait illis Jesus : Cujus est imago hæc & superscriptio ? dicunt ei Cæsaris. Tunc ait illis : Reddite ergo quæ sunt Cæsaris, Cæsari ; et Dei, Deo. *S. Math. Cap. xxij.*

Nous nous gardons bien de traduire dans notre Langue ces paroles sacrées : notre foiblesse est incapable de rendre leur puissante énergie. Nous altérerions sans doute leur beauté : nous détruirions cette naïveté, cette sagesse, cette majesté qui les caracté-

Nous nous étayons avec respect de cette
autorité divine , non pas pour attaquer les
prérogatives des Ecclésiastiques (nous nous
sommes suffisamment expliqués sur la sincere
vénération que leur ministere nous inspire ,
pour ne devoir pas en être soupçonnés); mais
seulement nous voulons prouver que l'on s'est
trompé , si l'on a cru que les biens du Clergé
n'étoient pas imposables : nous le faisons
d'autant plus hardiment, que jamais l'Eglise
n'a eu cette prétention. Dans tous les temps
les Ecclésiastiques ont reconnu qu'ils devoient
le tribut aux Princes temporels sous la domination desquels ils vivoient. S'ils n'ont pas
toujours payé toutes les taxes, c'est qu'ils ont
été souvent dispensés de quelques-unes par
les Souverains ; ce qu'on leur a demandé , ils
l'ont donné : & lorsqu'après les avoir laissé
jouir de certaines exemptions , le Gouver-

---

rifent, marques incontestables d'une voix Divine.
L'esprit de l'homme n'arrive point à tant de grandeur ,
le cœur seul fait la sentir. Dieu lui-même a parlé
par la bouche de l'Evangéliste, le mortel doit se taire
& obéir.

nement a jugé convenable de les fupprimer,
ils n'en ont jamais murmuré. Fréquemment
on les a vu prévenir le Prince, lui offrir des
fubfides qu'il avoit droit d'exiger d'eux, &
même quelquefois refufer des exemptions,
que fa bonté leur offroit. Un coup d'œil fur
l'hiftoire le démontrera dans un inftant.

AVANT CONSTANTIN le Grand, l'Eglife
poflédoit des biens-fonds, les Evêques en
avoient l'intendance. Ceux des Clercs qui
avoient un patrimoine fuffifant, ne retiroient
aucune rétribution ; & les Conciles invitoient
les autres à travailler de leurs mains, plutôt
que de rien prendre fur un bien qu'on regardoit comme deftiné à être diftribué en aumônes. Quoique ce ne fût qu'un confeil,
plufieurs l'ont pratiqué comme un pré-
cepte.

Vers la fin du quatrieme fiecle, le nombre des Chrétiens s'étant confidérablement
augmenté, plufieurs Princes même ayant em-
braffé la foi de JESUS-CHRIST, la Religion
ne fut plus en bute aux calamités qu'elle

avoit éprouvées d'abord : les pauvres fideles trouverent des riches empreſſés à les ſecourir; ils ne furent plus ſi fort à la charge des biens de l'Egliſe : le Clergé acquit de la ſtabilité, de la conſidération & des richeſſes, ſous l'aîle de la puiſſance temporelle. Alors on commença, dans l'Egliſe d'Occident, à partager les revenus des biens-fonds d'un Diocèſe en quatre parts : une fut pour l'Evêque, une autre pour les Eccléſiaſtiques, la troiſieme étoit deſtinée aux pauvres, & la quatrieme aux dépenſes des Egliſes.

Les fonds étoient encore en commun : mais cet arrangement, néceſſaire tant que le Clergé avoit poſſédé peu, & poſſible dans un temps où les Chrétiens étoient en petit nombre, ne tarda gueres à devenir impraticable : on ſe vit contraint de partager les fonds, ce qui vraiſemblablement eſt l'origine des bénéfices. L'Egliſe d'Orient fut quelque temps encore avant de ſuivre cet exemple.

Sous les Empereurs, les Eccléſiaſtiques obtinrent quelques exemptions plus ou moins étendues, ſelon que les beſoins du fiſc étoient

plus ou moins grands : mais ces exemptions
ne furent qu'à l'égard des charges perfonnelles , & non pas pour les impôts relatifs à
la poffeffion.

En 370, Valens exigea les corvées de la
part des Clercs qui y étoient foumis par
leur naiffance , quoique Constantin le
Grand en eût exempté tous les Eccléfiaftiques , fans diftinction.

Justinien permit aux Evêques d'Afrique
de rentrer en poffeffion des biens que les
Ariens leur avoient enlevés , fous condition
qu'ils payeroient les tributs ordinaires.

Saint Ambroise , Evêque de Milan , dit
dans le canon *fi tributum :* » fi l'Empereur
» demande le tribut , nous ne le refufons
» pas (a) «.

Les Papes même , & les fonds de l'Eglife
Romaine , ont été tributaires des Empereurs.
En 687, Justinien II exigea le tribut des

(a) Si Tributum petit Imperator, non negamus;
agri Ecclefiæ folvant Tributum : &c. *Caufa* 11.
Quæft. 1. *C. 27.*

patrimoines de *Labruzzo* & de la *Bafilicata ,* que Constantin le barbu , fon pere , avoit exemptés en l'année 681. Saint Gregoire recommandoit de cultiver avec foin les terres fituées en Sicile , qui appartenoient au Saint Siége, *afin que l'on pût en payer plus facilement les charges.*

Les Romains ayant fait la conquête des Gaules , tous les Eccléfiaftiques , Gaulois ou Romains , y furent indiftinctement affujettis aux tributs.

La Monarchie Françoife s'étant établie en leur place , on ne fit aucun changement à cet égard ; même dans les premiers temps où le gouvernement féodal avoit toute fa force , plufieurs Eccléfiaftiques étoient ferfs. Certainement il étoit abfurde , qu'un citoyen n'obtînt pas fa liberté individuelle en fe confacrant au fervice des autels ; mais enfin ne nous arrêtons pas à condamner des ufages qui ne peuvent plus être.

Sous la Premiere Race de nos Rois , chaque année, la Nobleffe & le Peuple faifoient un don au Souverain. Les Eccléfiaftiques n'étant point admis dans les assemblées de la nation, contribuoient différemment aux charges de l'Etat.

Sous la Seconde Race, le Clergé assistoit aux assemblées, & alors offroit au Roi un don chaque année, comme la Noblesse & le Peuple l'avoient pratiqué depuis le commencement de la Monarchie.

En 833, Lothaire reçut à Compiegne les présents que les Evêques, les Abbés, les Comtes, les Barons & le Peuple, lui faisoient tous les ans. *Ces présens*, dit Fauchet, *étoient proportionnés aux revenus de chacun.*

En 877, l'Empereur Charles le Chauve exigea de plus une subvention extraordinaire, des Ecclésiastiques & des Laïcs, pour fournir aux frais de la guerre contre les Sarrasins. En cette occasion, les Evêques firent contribuer les Prêtres de leur Diocèse : on prit même dans le trésor des Eglises, pour completter la somme.

En 1147, Louis le jeune accorda aux Ecclésiastiques, moyennant une somme qu'ils lui payerent, la dispense de l'accompagner dans la Croisade où il fut en personne.

En effet , outre le tribut que le Clergé donnoit en argent , il devoit le droit de gîte & le service militaire. Le droit de gîte est encore aujourd'hui, à peu de chose près , observé ; il consiste à loger dans leurs voyages, les Princes & les personnes mandées par la Cour ; mais les Ecclésiastiques ont été successivement , & avec raison , dispensés du service militaire. Il paroît par les faits que nous allons citer , que longtemps ils ont été rigoureusement tenus de le remplir.

Charlemagne voulut exempter les Prélats de se trouver en personne dans les armées , pourvu qu'ils y envoyassent leurs vassaux sous la conduite de quelques Seigneurs; mais les Evêques demanderent de continuer le service militaire eux-mêmes. Ils l'obtinrent , & furent obligés de le faire , comme ils l'avoient été précédemment : car Philippe Auguste , en l'année 1209 , confisca les fiefs appartenants aux Evêques d'Auxerre & d'Orléans , pour avoir quitté l'armée , sous prétexte qu'ils n'étoient tenus d'y rester que

quand

quand le Roi lui-même se trouvoit à la tête de ses troupes.

Vers la fin du quinzieme siecle , l'on voit encore les Eccléfiastiques dans les armées. Louis, Cardinal d'Amboise , Evêque d'Albi, affista au fiége de Perpignan en l'année 1475. On les trouve compris , fans exception , même les Religieux & Religieufes , dans les anciens rôles de ban & d'arriere-ban. Enfin, ils n'en ont été exemptés entierement , que fous Louis XIII , par un Contrat du 29 d'Avril 1639.

Ces faits montrent que les Eccléfiastiques ont, dans tous les temps , fuivi le fort des Laïcs. En aboliffant le gouvernement féodal , l'obligation de conduire à l'armée leurs vaffaux , ceffa pour les Laïcs , poffeffeurs de fiefs , puifqu'ils perdoient les droits qui avoient rendu cette obligation néceffaire : elle ceffa auffi pour les Eccléfiastiques.

Chacun étoit foldat avant ce changement, parceque le Gouvernement ne pouvoit guere

V

tirer que le fervice militaire, de la quantité de Souveraineté qui compofoient le Royaume. Après cette époque, il n'y eut plus d'autres foldats, que ceux qui voulurent l'être; faire le fervice militaire, ne fut plus une obligation, mais une convenance. Les Seigneurs même, qui voulurent embraffer le parti des armes, furent payés par le Gouvernement; parceque cette profeffion étoit devenue une profeffion volontaire, & qu'il faut un objet pour déterminer la volonté.

L'on ne quittoit plus les armes au retour d'une expédition : pendant la paix l'on tint une armée fur pied, afin de la trouver prête à l'inftant de la guerre. Dès lors le fervice militaire exigea une affiduité incompatible avec les fonctions paftorales des Prélats. Il n'eft pas étonnant qu'ils n'aient plus fait ce fervice, mais il le feroit qu'on les eût difpenfés des fubfides que ce nouvel arrangement néceffita : auffi paroît-il qu'on ne l'a pas fait; l'on a feulement eu pour eux les égards & le refpect que l'on doit à leur caractere.

Si quelque titre prouvoit qu'un Souverain

a exempté du tribut une partie de fes Sujets, fon Succeffeur peut l'abroger, il le doit. L'Empire n'a qu'une feule vie : le Prince ne meurt jamais, n'a jamais d'âge : tous les actes faits dans les fiecles paffés, font des engagements contactés dans la jeuneffe. Les circonftances néceffitent de nouvelles loix ; l'illuftre Rédacteur du Code Anglois a donné un grand exemple de fageffe aux Légiflateurs, lorfqu'il demanda qu'on revît fon travail tous les cent ans.

Le Prince peut fans doute, par certaines confidérations, diminuer la taxe de quelques-uns des Sujets ; mais fa juftice ne lui laiffe point le droit d'en décharger entierement aucun. L'équité n'a qu'un mot : *tous ceux qui bénéficient des loix, doivent contribuer aux charges.* Il n'eft qu'une regle pour connoître si un Citoyen doit le Tribut, c'eft de favoir s'il a de quoi le payer.

La profeffion des armes, devenue une profeffion volontaire, il falloit bien que ceux qui embrafferent ce parti, fuffent entretenus par ceux qui lui préféroient des occupations paisibles. Cette nécessité fit établir des impôts qu'on répartit sur tous les Citoyens. Les Ecclésiastiques n'en furent point exempts, mais ils les ont payés sous des dénominations différentes : en cela ils étoient encore comme les autres Sujets. Chaque classe fut soumise à une taxe qui portoit un nom particulier ; les Artisans payerent L'INDUSTRIE ; les Propriétaires Roturiers, LA TAILLE ; la Noblesse, LA CAPITATION ; le Clergé, LE DON GRATUIT.

IL semble, au premier coup d'œil, que *Don gratuit* veut dire une subvention offerte volontairement. En effet, le Clergé a fréquemment prévenu par des offres, les demandes que l'Etat est en droit de lui faire: mais ce tribut a été si souvent nommé *Don gratuit équipollent à un certain nombre de Décimes*, ou (afin de m'expliquer plus clairement) à ce que le Clergé auroit eu à payer pendant un certain nombre d'années, qu'il paroît positif que *ce don* a été plusieurs fois *une simple avance* des subsides que le Clergé

doit légitimement au Souverain. Il n'est pas
sans exemple que les Ecclésiastiques aient
été imposés en vertu de Lettres Patentes ou
d'Arrêts du Conseil : or s'ils ont pu être soumis aux taxes une fois , ils peuvent y être
soumis encore ; s'ils ont dû le tribut, ils
le doivent. Mais reprenons un instant le
fil de l'Histoire, afin que nous ayons des
objets sur lesquels nous puissions appuyer nos
raisonnements.

En 1527, on leva deux millions pour la
rançon des enfants de François I. On exa-
mina dans un lit de justice de quelle maniere
le Clergé contribueroit à cette subvention de
deniers : le Cardinal de Bourbon offrit au
nom de l'Eglise un présent de 130 mille liv.
on ne l'accepta pas , & les Ecclésiastiques
furent imposés de la même façon que les
autres Sujets.

En 1535, toujours du regne de François I,
il y eut deux déclarations au sujet de trois décimes, dans lesquelles elles sont nommées
don gratuit & cheritatif équipollent à trois dé-

cimes. Ce qui prouve que ce don n'étoit que l'avance des décimes que le Clergé auroit dû payer en trois années.

En 1547, HENRI II adreſſa une déclaration, entre autres perſonnes, à tous Commiſſaires, pour qu'ils euſſent à faire payer *les deniers ſubſides*, &c. qui étoient & *pourroient être ci - après impoſés ſur le Clergé.* HENRI II regardoit donc le Clergé comme impoſable.

En 1558, le même Prince dans une déclaration du mois de Janvier, déſigne ainſi les décimes : *dons, octrois charitatifs équipollents à icelles, à lui accordés, & qu'il a ordonné être levés ſur le Clergé de ſon Royaume.*

Enfin, les dons gratuits n'ont été proprement diſtingués des décimes, que par le Contrat, nommé vulgairement *Contrat de Poiſſy*, paſſé le 11 d'Octobre 1561.

Le Clergé prit deux engagements par ce Contrat. L'un, d'acquitter dans les dix années ſuivantes, le ſort principal des rentes alors conſtituées ſur la ville de Paris ; & cependant d'en payer les arrérages en l'acquit

du Roi , à compter du 1 de Janvier 1568.
C'eſt-là l'origine des rentes aſſignées ſur le
Clergé. Le Contrat en eſt renouvelé tous les
dix ans , & ce que les Eccléſiaſtiques paient
pour cet objet , s'appelle encore aujourd'hui
décimes.

L'autre engagement que le Clergé prit par
le Contrat de Poiſſy , fut de fournir à l'Etat
durant ſix ans , un million 600 mille livres
chaque année : cette convention eſt le principe des dons gratuits , que le Clergé a con-
tinué de payer juſqu'à préſent.

Ces dons gratuits ſont un tribut , dont les
termes ne ſont point fixes , & dont le produit eſt ſujet à varier ; ce qui ne veut point
dire que ce ſoit une ſubvention libre quant
au fond : les Eccléſiaſtiques ſont ſimplement
autoriſés à faire des repréſentations ſur les
demandes des Commiſſaires du Prince , droit
qui eſt de juſtice pour tous les ſujets.

Le Clergé nous paroît s'être toujours ren-
fermé dans ces termes : nous ignorons que
jamais il ait *abſolument* prétendu qu'il eſt
libre de ne pas payer : nous voyons au con-

V iv

traire que durant les dix ans ſtipulés par le
Contrat, pluſieurs fois l'on a exigé, ſoit pour
l'entretien des troupes , ſoit pour d'autres
beſoins de l'Etat, des décimes extraordinaires qui n'ont point été refuſées : & qu'environ l'année 1646, les Commiſſaires du Roi
demandant 10 millions à l'aſſemblée du Clergé, *tant pour un don extraordinaire , que pour
la révocation de divers traités propoſés relativement au Clergé* , l'aſſemblée en accorda
quatre ; alléguant ſeulement *l'impuiſſance du
Clergé* à fournir complettement la ſomme :
elle ne la qualifia pas de *don*, quoique les
Commiſſaires l'euſſent ainſi qualifiée (a).

____

(a) Le Clergé n'a jamais prétendu *abſolument* qu'il
ne devoit point l'impôt, il a ſeulement dit quelquefois qu'il ne devoit point *certaines taxes particulieres*,
que malgré cela il a fini par payer volontiers : par
exemple, en 1742, le Clergé prétendit que ſes biens
n'étoient pas ſujets *au dixieme* qui avoit été établi
par Edit de 1741, ſur les Propriétaires Nobles ou
Roturiers & même ſur l'induſtrie : cependant il accorda à cette époque un don gratuit de 12 millions.
Dans le Contrat paſſé à cette occaſion, entre les Commiſſaires du Roi & le Clergé, les Commiſſaires dé-

Joignons à ces preuves de faits, quelques preuves de raisonnement. Remontons au principe & parcourons la durée d'un coup d'œil rapide : Nous verrons les Sacrificateurs de l'ancienne loi, *la Tribu de Lévi*, subsister des holocaustes & de la dîme des fruits qu'il avoit fallu nécessairement leur accorder, puisqu'ils n'avoient point été admis au partage de la terre de promission.

Dans les premiers temps de la loi nouvelle, le Clergé ne vivoit que d'aumônes & des offrandes des fideles. Saint Augustin, Evêque d'Yppone au commencement du cinquieme siecle, avoue » qu'elles étoient si peu considérables à son égard, qu'il n'avoit pu par- » venir à payer un maître de langue hébraï- » que (a) «.

<hr>

clarent *que les biens Eccléfiaftiques, &c. n'avoient pu être compris dans le dixieme, & en demeureroient exempts à perpétuité :* mais la même chose étoit portée à-peu-près par une Déclaration de 1711, ce qui n'empêcha pas qu'en 1734, le Clergé ne payât 12 millions pour tenir lieu du dixieme.

(a) Cependant l'Eglise avoit déja des biens-fonds;

Si cet aveu naïf de Saint Augustin, annonce un Prélat respectable, un trait de la vie de Louis IX, dépeint bien sensiblement un Prince juste, un saint Monarque : *ce Roi ne trouva point mauvais, qu'on le condamnât à payer à son Curé, la dîme des fruits de son jardin.* Notre ame se repose lorsque, fatiguée en parcourant l'histoire de suivre les ambitieux dans leurs frénésies, elle rencontre enfin quelque trait pareil de candeur & de *simplesse* ; car ; pour me servir des paroles sublimes du Psalmiste, *melius est humiliari cum mitibus, quam dividere spolia cum superbis.*

Nous ne voulons point discuter si la dîme est de *droit divin* ou de *droit positif* ; elle nous paroît de *droit juste,* & c'est tout ce qu'il nous faut, pour que nous disions qu'il convient que les habitants d'une Paroisse paient soigneusement la dîme à leur Pasteur. Cette

______

mais Saint Augustin en distribuoit les revenus aux Pauvres : il souhaitoit que les Ministres de Dieu n'eussent que les dîmes pour subsister.

forte d'impofition fpirituelle retrace à leur ame des idées de charité chrétienne, qui ne peuvent qu'être favorables aux mœurs (*a*).

Le Clergé ne tarda pas à poſſéder des biens-fonds, & fucceſſivement par des donations, des conceſſions diverſes, il a vu ſe former la propriété qu'il a aujourd'hui.

Mais ſi les Eccléſiaſtiques ont vu cette propriété ſe former, ils n'ont donc pas toujours eu les biens-fonds qu'ils poſſedent à préſent : ces biens avant de leur appartenir, ont appartenu à d'autres : on les leur a donnés, ou bien ils les ont achetés. Si on les leur a donnés, les donateurs, fans doute, étoient des laïcs ; & jamais l'on n'a mis en queſtion, ſi les biens des laïcs peuvent être impoſés : s'il les ont achetés, c'étoit encore des laïcs qui les leur vendoient ; & comme nous venons de le dire, l'on n'a jamais mis en queſtion, ſi les biens appartenants à des laïcs ſont impoſables : or avant d'appartenir au

---

(*a*) Mais encore faudroit-il établir cette dîme proportionnellement & ne l'accorder qu'aux Curés ſeuls.

Clergé, ces poſſeſſions étoient grévées de
taxes. Déduiſons de ce principe une conſéquence lucide : c'eſt que ces biens n'ayant
point changé de nature en changeant de maîtres, ils ſont encore ſujets aux taxes aujour-
d'hui.

Ne trouveroit-on pas abſurde & criminel,
le propos d'un homme qui diroit : » tant que
» mon patrimoine eſt à moi, il paie le tri-
» but ; mais je vais en diſpoſer de façon que
» je ſouſtrairai cette ſomme à l'Etat ; je vais
» le remettre dans des mains dont *il ne ſortira*
» *plus*, & deſquelles *le Gouvernement ne peut*
» *rien exiger* «. N'auroit-on pas raiſon de
prétendre qu'un tel homme eſt mauvais Citoyen ?

Auſſi l'intention des Fondateurs n'a jamais été telle : ils ont légué leurs biens à des
Egliſes, afin que ces Egliſes jouiſſent du revenu ; laiſſant à l'adminiſtration un droit
qu'ils ne pouvoient lui conteſter, celui *de*
diſpoſer du tribut comme elle le jugeroit con-
venable.

L'adminiſtration a ſi bien conſervé ſes

droits à l'égard des acquisitions du Clergé, de quelque maniere qu'elles soient faites, que considérant que les biens parvenus dans les mains des Ecclésiastiques, n'étoient plus aliénables, & qu'ainsi l'Etat & les Seigneurs perdoient les droits qu'ils retiroient précédemment dans les cas de mutations, que la circulation étoit interceptée, elle a soumis le Clergé à payer au Souverain & aux Seigneurs, une indemnité pour l'amortissement (a).

____

(a) Les Ecclésiastiques n'ont eu que peu de temps la liberté d'aliéner ; parceque plusieurs en abusoient au détriment de leurs Successeurs. JUSTINIEN, en 535, défendit l'aliénation à toutes les Eglises d'Orient, d'Occident & d'Affrique, à moins qu'elle ne dût servir à nourrir les Pauvres durant quelque famine extraordinaire, ou à racheter les Prisonniers ; mais le Clergé a conservé long-temps, sous différentes conditions, la liberté d'acquérir. Enfin cette liberté a été fort restreinte en France par une Déclaration de 1749. —— Tout cela prouve que les biens du Clergé ont toujours été sous la direction des Princes temporels, & étaie de plus en plus notre opinion. Les Ecclésiastiques doivent l'impôt : par-tout, dans tous les temps, ils y ont été soumis, mal à la vérité ; c'est à quoi il est à propos de remédier.

Il est clair, par les faits, que les Ecclé-siastiques ont été imposés : la conséquence qui en résulte, est qu'ils peuvent l'être encore ; & l'équité veut qu'ils le soient comme les autres Sujets de l'Etat.

Le Don gratuit ne remplit pas cette condition essentielle. Il est bien la preuve que le Clergé peut être imposé, même qu'il l'est ; mais il montre aussi qu'il ne l'est pas comme il devroit l'être.

En effet le Don gratuit est une imposition ; mais cette imposition varie. Ce ne seroit point là un mal ; ce qui en est un, c'est qu'elle est toujours au-dessous des facultés des Contribuables. En fournissant ainsi leur tribut par grosses sommes, les Ecclésiastiques semblent donner beaucoup alors que réellement ils donnent très peu : on les autorise à faire des emprunts, & il le faut bien ; car en exigeant d'eux des sommes considérables à la fois, ils font souvent fondés à alléguer leur impuissance. Le premier ordre de l'Etat, le plus riche, celui que des institutions séveres mettent le moins dans le cas de contracter des dettes, se trouve être le plus obéré.

Tous les ans les bénéfices fimples, &c. paient à la Caiffe du Clergé des décimes con-fidérables, même trop fortes pour quelques-uns. Ces taxes font employées à fatisfaire aux intérêts énormes de ces emprunts inextin-guibles. A chaque nouveau fubfide que le Clergé fournit à l'Etat, il contracte une dette nouvelle : les intérêts s'accroiffent, & les charges de ceux qui doivent les acquitter, deviennent toujours plus pefantes. Ainfi quelques Eccléfiaftiques paient beaucoup chaque année, fans que l'Etat en profite ; & la maffe de ces emprunts qui portent inté-rêts, groffiffant toujours, le Clergé pourroit bien, à la fin, devenir *inimpofable :* mais en attendant, cette maffe eft une excufe légiti-me pour ne fournir au Souverain que le moins poffible, à chaque fois qu'il juge à propos de demander.

Du moins, en exigeant du Clergé le Don gratuit, auroit-il fallu faire enforte que les Eccléfiaftiques payaffent leur quote-part avec leurs revenus mêmes, ou en empruntant chacun en fon propre & privé nom, & non pas au nom du Clergé en général. Alors l'on eût évité cette accumulation énorme de dettes, dont les intérêts furchargent la plupart d'entr'eux affez mal-à-propos.

En accordant au Clergé la liberté d'emprunter, les fubfides ainfi fournis au Gouvernement fe trouvent être pour les Eccléfiaftiques un paiement fictif auquel ceux qui font le plus en état ont toujours contribué le moins. D'ailleurs ces fommes, rarement rembourfées, font des reffources enlevées de chez les Capitaliftes, dont l'Etat pourroit profiter dans les befoins preffants.

Il paroît bien qu'il refte mille chofes à dire fur ces emprunts; mais le fentiment de notre foibleffe nous ferme la bouche: dans la crainte de dire *trop* ou de dire *mal*, nous aimons mieux courir le rifque de ne pas dire *fuffifamment*.

Comme il eft démontré que les Eccléfiaftiques ont, dans tous les temps, à-peu-près fuivi le fort des Laïcs: dès qu'on change les moyens reçus de faire payer les fubfides par

les

les Laïcs, la suite néceffaire de ce premier pas
eft qu'il faut changer la façon dont le Clergé
contribue.

Quand même il feroit prouvé qu'on a entiérement exempté le Clergé, au moins faudroit-il convenir qu'on l'a fait dans un temps
où les dépenfes de l'Etat étoient modiques;&
qu'ainfi l'on pouvoit faire fupporter les taxes
par les Laïcs feuls, fans qu'ils en fuffent accablés; mais aujourd'hui que les dépenfes de
l'Etat, & parconféquent l'impôt, font ac-
crûs, il ne paroît pas poffible de laiffer fubfifter toutes ces exemptions qui nuifent au
bien général. Ce feroit être mauvais Citoyen
que de folliciter l'exemption des charges;
& pire encore, de prétendre *qu'elle eft dûe*.

Ces confidérations nous ont décidés à chercher de quelle forte on pouvoit recevoir les
tributs des mains des Eccléfiaftiques. Nous
n'avons pas la prévention de croire que
nous avons trouvé la méthode la plus parfaite; quoiqu'il nous femble qu'en pratiquant
le moyen que nous avons propofé, le droit
ne furchargeroit aucun des contribuables, &

X

feroit toujours proportionnel au revenu des bénéfices.

En confidérant que les Eccléfiaftiques vivent par état dans le célibat, & dans une fimplicité qui doit rendre leurs confommations beaucoup moindres que celles des Laïcs, peut-être trouvera-t-on que notre échelle de progreffion eft trop modérée. Nous dirons à ce fujet, ce que nous avons dit des autres taxes ; notre intention n'a point été de fixer exactement le droit, nous n'avons voulu qu'indiquer de quelle forte il nous paroît poffible qu'on l'établiffe.

Quoique les biens du Clergé foient prefque tous en terres, il nous femble qu'en exigeant tant pour livre du revenu des bénéfices, nous n'impofons pas les denrées, mais réellement la rente du bénéficier des mains duquel on recevroit cette taxe ; & qu'ainfi nous ne fortons pas de notre principe.

Mais fi l'on objecte encore, qu'en nous accordant que nous ayons *à-peu-près prouvé* (car nous ne nous flattons pas que l'on con-

vienne fi-tôt que nous avons *prouvé dé-
monftrativement*) que les Eccléfiaftiques ont
toujours fuivi, quant aux taxes, le fort des
Laïcs; on a lieu de s'étonner qu'en préfentant une théorie d'impôt que nous nommons
jufte , par laquelle nous annonçons que tous
les Citoyens paient avec égalité, nous faifons payer cependant les Eccléfiaftiques fort
différemment des autres, puifque nous pré-
levons tant pour livre fur le revenu des terres appartenant au Clergé, & nous exemp-
tons de tout impôt les terres des autres Sujets:
qu'ainfi cette juftice tant prèchée, cette égalité annoncée avec pompe n'exiftent pas.
L'objection me paroît mériter que j'y ré-
ponde.

Dans un Corps politique, les uns fe dé-
vouent au fervice des autels ; les autres prennent le parti des armes ; quelques-uns em-
braffent la magiftrature ; d'autres enfin fe livrent aux arts , au commerce. Tous font citoyens ; le Souverain eft leur pere, il les pro-
tege tous également ; tous lui doivent l'attachement que les foins paternels méritent &

obtiennent , même des ames ordinaires : heureux par l'adminiſtration , tous lui doivent des ſecours, pour qu'elle puiſſe perpétuer leur bonheur.

Les honoraires attachés à quelques-unes des fonctions de la vie civile , ſont au frais du gouvernement, d'autres fonctions ont des fonds dont les revenus ſont affectés à la récompenſe de ceux qui les embraſſent. L'Eccléſiaſtique , le Soldat , le Magiſtrat ſont ainſi récompenſés ; les artiſans & les artiſtes , &c. ſont payés par les particuliers conſommateurs : tous doivent être impoſés.

Si l'on a droit de taxer l'induſtrie , dont les profits ſont incertains , l'on a droit de taxer les places, dont le produit eſt fixe. Nous avons dit pourquoi il peut convenir d'exempter les citoyens gagés par la Cour ; mais nous avons préſenté tous les autres , même ceux qui reçoivent un paiement annuel des particuliers , comme impoſables à tant pour livre du produit de leurs places , ou du moins à proportion de ce produit.

Les biens-fonds des propriétaires ſont

leurs patrimoines , ils en ont acquis l'entiere propriété , & le droit d'en difpofer à leur gré. Les biens de l'Eglife font fort différents , les Prélats, les Bénéficiers n'ont que la jouiſſance des revenus , le capital ne leur appartient point. La taxe que nous propoſons de lever ſur un bien qui n'eſt pas le patrimoine de celui qui en jouit , ne ſauroit lui être onéreuſe : lorſqu'on offre à quelqu'un l'inveſtiture d'une place , il eſt libre de la refuſer , s'il ne trouve pas le profit ſuffiſant.

Ainſi , nous croyons ne pas ſortir des bornes étroites de l'équité , en propoſant de prélever tant pour livre ſur le produit des biens de l'Eglife. On peut taxer le revenu d'un Evêché , comme on peut taxer les honoraires d'une place de magiſtrature : l'on peut diminuer d'une ſomme au profit de l'Etat , les rentes attachées aux fonctions de l'Evêque & du Magiſtrat , ſans qu'ils aient à ſe plaindre ni l'un ni l'autre; ce n'eſt point leur patrimoine , c'eſt leur rang qu'on impoſe ainſi. Ceux qui ont en outre un bien patrimonial ou un caſuel aſſez conſidérable , pourroient

X iij

s'affembler entre eux , ou avec la bourgeoifie ou la nobleffe felon la claffe dans laquelle leur naiffance les a placés, pour contribuer à la répartition des cotes relatives à ces objets ; & je ne vois pas qu'ils puffent pour cela raifonnablement crier à l'injuftice.

PEUT-ÊTRE on dira que le Clergé paie actuellement beaucoup par les Commendes : que ces biens qui lui appartiennent au fond, & dont le Gouvernement a difpofé en en accordant la jouiffance à des Seigneurs laïcs , forment une forte diminution fur la totalité du produit des biens de l'Eglife ; diminution qui équivaut à un tribut confidérable de la part des Eccléfiaftiques. A cet égard, l'on aura tort ; ce n'eft point fur ce qu'on leur a ôté qu'on les impofe , c'eft fur ce qui leur refte. Il n'eft pas queftion qu'un Sujet dife , *je donne beaucoup au Souverain* ; il faut qu'il puiffe dire , *je donne affez.*

L'origine des Commendes eft ancienne. CHARLES MARTEL donna des biens Eccléfiaftiques aux Officiers qui avoient fervi con-

tre les Sarrasins, sous prétexte de les mettre
sous leur protection : c'est là l'époque de leur
commencement. Depuis l'on empoisonna
cet usage ; l'on en vint au point de donner en
dot à des filles, des Eglises, même des Cu-
res, dont elles affermoient la dîme & le casuel.

L'article des Commendes est encore une
preuve nouvelle, que les biens Ecclésiastiques ont toujours été sous la dépendance des
Princes temporels, peut-être même d'une
façon plus immédiate que les possessions des
Sujets laïcs.

Au surplus l'antique destination des
biens de l'Eglise, étant de faire des œuvres
de charité, ce ne seroit assurément pas sortir
de l'intention des Fondateurs, que de charger le Clergé de l'entretien des hôpitaux.

Est-il une fonction plus glorieuse pour un
Etre *qui existe*, que celle de défendre l'existence ? Quelle vénération s'imprime sur le
front d'un mortel, dans l'instant où on le
voit serrer avec affection, dans ses bras, son

frere expirant! O mes Concitoyens, si la fiere vertu brille encore à votre ame, vous en-vieriez sans doute l'heureux sort de ces hom-mes auxquels le Souverain imposeroit une charge aussi glorieuse.

Si l'on adoptoit cette idée, le Gouverne-ment n'auroit plus aucun subside à demander au Clergé; puisque le même motif qui déci-da, sans contredit, à lui accorder les pre-mieres exemptions, subsisteroit encore dans toute sa force.

(38.)

Page 157. L'on pourroit dans la suite former de nouveaux établissements, & con-solider ceux qui existent déjà, dans lesquels les Pauvres, hors d'état de travailler par vieillesse ou par accidents, trouveroient un asyle, à moins qu'ils n'aimassent mieux vivre des charités de leurs Concitoyens, dans le lieu de leur résidence : car la misere d'un individu n'est pas un motif légitime pour lui ôter sa liberté. On les autoriseroit alors à vivre d'aumônes, dans les quartiers qu'on leur assigneroit.

Quant à ceux qui, malheureusement, ont des difformités répugnantes, on les enfermeroit dans des Hôpitaux commodes, où l'on adouciroit leur sort par de bons traitements.

Souvent un Journalier est obligé de mendier, parcequ'il manque d'ouvrage; celui-ci ne doit pas être traité aussi rigoureusement que celui qui mendie par fainéantise (a) : car s'il ne travaille pas, c'est qu'il n'a pas trouvé d'occupation. Il ne seroit point sujet à l'amende, pourvu qu'il se fit inscrire, comme ne travaillant pas par rapport à la cessation des travaux, sur un registre que l'on tiendroit exprès dans chaque Paroisse.

Au reste, sans multiplier les établissements, ne pourroit-on pas assigner à chaque Paroisse un certain nombre de pauvres qu'elle seroit obligée de nourrir. Nous avons dit quelque chose qui se rapporte à cette idée dans la note précédente, page 327.

____

(a) Voyez la page 157.

Ce dernier moyen nous plaît, parcequ'il se rapproche d'une opinion, *peut-être bisarre*, que des observations, qu'il nous semble avoir faites avec soin sur les mouvements du cœur de l'homme, nous ont suggéré au sujet des Hôpitaux. Nous ne croyons pas hors de place, de présenter ici le sommaire de ce que nous disons sur cela, avec l'étendue convenable, dans un ouvrage qui n'est point encore fini ; mais que nous espérons mettre quelque jour sous les yeux du Public. Nous allons transcrire à-peu-près les expressions qui se trouvent dans notre manuscrit.

   » Trop de recherche sur l'ordre produit
» à la longue une indolence pernicieuse…
» sans doute l'idée de cet homme estimable,
» qui le premier fonda un hôpital, partoit
» d'un cœur droit. Il crut que ce n'étoit point
» assez qu'il y eût des ames vertueuses pous-
» sées par leur pur mouvement à secourir
» l'infortune ; il prépara aux malheureux un
» asyle où ils devoient trouver dans tous les
» temps des secours empressés, quelque per-
» vers que devinssent des hommes…. Ce

» Sage ne vit point le mal qui pouvoit en
« réfulter. Il ne vit pas, dans les fiecles à ve-
» nir, l'homme qui auroit pu être vertueux
» *s'envicier* dans fa nonchalance, en fe re-
» pofant fur ces établiffements ; & repouf-
» fer l'infortuné, en lui montrant l'afyle
» qui fans ceffe lui eft ouvert.... Veut-on
» des citoyens, il faut laiffer à la vertu toute
» fon activité .... graces à nos inftitutions,
» nous n'avons plus qu'à jouir de ce qui eft
» à nous, la loi a prévu à tout le refte ; & *la*
» *loi*, dit un homme célebre (a), *engage*
» *moins à bien faire, qu'à n'être pas furpris*
» *malfaifant* .... Qu'on ne dife pas que ces
» établiffements font abfolument nécef-
» faires : l'exemple de plufieurs fiecles qui
» s'en font paffés, & qui n'étoient pas plus
» mauvais, prouve qu'on pourroit s'en paf-
» fer encore .... Mais, dira-t-on, quand
» on a fondé ces établiffements, les hommes
» commençoient à être pervers. Ah ! s'ils
» commençoient à être pervers, falloit-il

(a) Michel de Montaigne.

» leur rendre la vertu inutile ?.... Si les
» mœurs s’affoibliſſent, bien loin de facili-
» ter leur affoibliſſement, en s’arrangeant
» de maniere à pouvoir s’en paſſer, il faut
» s’efforcer de les rendre encore plus néceſ-
» ſaires : ſans quoi ils ſont perdus ſans re-
» tour«. &c. &c. &c.

Il nous paroît avantageux de ſe guider ſur cette idée, parceque nous la croyons vraie : mais nous ne ſavons pas trop par quels moyens on pourroit parvenir à réveiller *ab-folument* dans les cœurs, les ſentiments pro-pres à nous rendre les hôpitaux inutiles. S’il faut les conſerver encore : du moins ne nous en glorifions pas. Lorſqu’un Ecrivain enthou-ſiaſte me vante un pays par le nombre des hôpitaux qui ſont établis dans ſon ſein, j’ai-merois autant qu’il me dît : *Là, les hommes ſont ſi méchants qu’ils poignarderoient volon-tiers leurs freres, pour s’éviter l’embarras de les ſecourir.* Après cela je ne vois plus rien de *beau* dans un hôpital, que *la pompeuſe archi-tecture d’un monument public,* & il nous pa-roît encore dangereux de ſatisfaire cette *ridi-cule vanité.*

Un établiſſement deſtiné à exercer, à l'é-
gard des indigents, l'œuvre de miſéricorde
peut-être la plus belle, ne doit pas employer
une partie de ſes fonds à faire briller le
magnifique orgueil des Arts. Je me plais davantage à voir un lit bien tenu dans l'intérieur d'un Hôpital, qu'une ſtatue de Michel
Ange ſur ſa façade.

La grandeur des bâtiments en ce genre,
eſt un vice bien funeſte. Plus l'on raſſemble
de malades dans un même appartement, plus
de victimes l'on ſacrifie. La mort vole rapidement d'un lit à l'autre, & l'infortuné qui
venoit chercher des ſecours, trouve bien
plutôt le trépas que la guériſon. Il nous paroît
beaucoup plus convenable de diviſer ces établiſſements énormes, & de diſtribuer les
malades dans divers petits Hôpitaux placés
dans les quartiers les plus ſalubres. Alors il
ſera plus facile de les ſoigner, & de les
guérir.

A l'égard des malades de campagne, il
vaudroit infiniment mieux leur diſtribuer des
ſecours dans leurs foyers mêmes, que de les

entasser dans les Hôpitaux. Ainsi on leur éviteroit un déplacement toujours dangereux ; ainsi l'image des mœurs subsisteroit encore au centre des familles, ce seroit les enfants du vieillard moribond qui recevroient ses derniers soupirs. Certainement il seroit salutaire d'en user de même pour la plûpart des malades qui habitent les villes.

Il nous manque encore une fondation nécessaire par-tout où il y a des Hôpitaux (& peut-être même où il n'y en a pas) ; dans chaque ville, il faudroit construire des hospices où les voyageurs pauvres seroient reçus. Cette police, utile d'ailleurs, vaudroit mieux que les espions, pour savoir *qui ils sont, & quels sont leurs projets.*

En général il seroit à souhaiter que l'on jetât un coup d'œil de réforme sur l'administration de tous ces établissements. Il nous semble affreux que l'on fasse une ressource lucrative de la manutention d'un bien destiné à secourir l'indigence. Il y a peu d'Administrateurs qui y alterent leur fortune.

(39.)

Page 158. LES meres qui n'allaitent pas
leurs enfants, les peres qui se reposent sur
d'autres des soins de leur éducation, n'ont
point fait ce qu'il y a de sublime dans les devoirs que la nature leur a imposés. La nature
ne vouloit que leur bonheur, ils l'ont re-
poussée d'un bras homicide ; malgré leur
cœur, ils ont étouffé sa voix sacrée : ils ont
surmonté, avec barbarie, ce penchant si doux
vers lequel elle les entraînoit ; ils n'avoient
qu'à s'y livrer, pour jouir d'une félicité parfaite !

Quel spectacle pour une ame sensible,
que celui d'une tendre mere qui presse contre son sein un être innocent à peine arrivé
dans le monde! Combien dans cet instant une
épouse doit devenir plus chere ! quelle force
doit avoir la double sensation dont elle
émeut son époux; lorsque, non contente d'a-
voir donné le jour à son enfant, elle s'occupe, sous ses yeux, à assurer son existence
avec la sienne propre. Elle a porté dans ses
flancs ce gage d'un amour pur ; il s'y est

nourri de sa substance , elle veut l'en nourrir encore après qu'il a vu la lumiere : avec une douce inquiétude , elle voit approcher le moment où , suivant le cours des choses , il ne doit plus se nourrir de son sang.

Heureux pere , ne refuse pas les biens que la nature amie t'offre avec instance : tu fus heureux par ton épouse en la voyant donner ses soins à un enfant qui t'est cher , sois heureux par toi-même : prends la place de cette sensible mere au moment que la nature l'oblige à la quitter; veille à ton tour sur un Etre destiné à te perpétuer; empare-toi de son enfance , tu fus son pere , deviens son ami pour toujours.

Quel devoir plus saint ; quelle volupté plus pure , que d'enchaîner par un second lien ceux que d'abord la nature t'attacha de si près ! quelle joie , que couvrir leur visage des larmes de l'amour , que voir une autre toi même ses foibles bras étendus , l'innocence dans le cœur , le sourire sur la bouche , te demander toute ta tendresse. Eh ! qu'apprendront ailleurs tes enfants durant

une

une longue fuite d'années , que l'exemple
paternel ne leur eût appris dans un inftant?
Tu n'ofes l'avouer .... J'en rougis pour les
mœurs.... Quel fiecle que celui où l'éducation paternelle peut être foupçonnée de n'ê-
tre pas la plus parfaite !

Sans contredit fi les hommes favoient encore difcerner les biens purs , l'adminiftration n'auroit pas befoin d'exciter les citoyens
à la vertu ; mais dans le point où font les
chofes, il faut des encouragements, pour ra-
mener l'ordre. Les peres difent bien aujour-
d'hui, comme on le difoit autrefois, que l'é-
ducation eft ce qu'il y a de plus important
pour leurs enfants ; mais ils ne s'en occupent
point, ou du moins ils s'en occupent mal. Ils
fe préfentent pour répondre dans le monde
de leur conduite, & ce n'eft point eux qui
leur ont appris à fe conduire.

Il y a généralement un vice dans notre
maniere d'élever la jeuneffe. Sans ceffe l'on
confond l'éducation avec ce qui n'eft proprement que l'inftruction; même, des gens de mé-

rite font tombés dans cette faute. On préfente l'étude à un jeune homme, non pas
comme une chofe néceffaire pour lui, mais
comme une chofe néceffaire pour couler
le temps. On ne lui dit pas il eft important
que vous fachiez cela ; mais on lui dit voilà
ce qu'il faut que vous appreniez ; & l'on apprend bien différemment ce qu'il eft important de favoir, que ce qu'il faut fimplement
qu'on apprenne.

Ce qui concerne l'éducation eft encore
plus négligé. Nous avons fur cet objet inté-
reffant, quelques ouvrages utiles que nous
ont donné des Ecrivains célebres : ces ouvrages femblent n'être pour les peres qu'une logique de morale ; ils ont mieux parlé, mais
ils font refté ce qu'ils étoient.

(40.)

Page 158. CE que nous difons dans les
Articles VIII & IX de nos exemptions, auroit befoin de beaucoup d'éclairciffements.
Les précédents Articles n'avoient rapport
qu'à l'humanité ; fur cet objet le cœur s'é-

meut, & difcerne facilement le bien : mais les deux derniers ont pour bafe des motifs purement politiques, & fur ces motifs nous ne trouvons pas au-dedans de nous, un Talifman fidele qui nous écarte de l'erreur. Quand ce n'eft plus le mouvement de l'ame qui entraîne avec violence, lorfqu'il faut calculer dans l'efprit, fuivre à pas méthodiques l'incertaine raifon, heureux qui échappe au dédale. Ainfi dégagé de tout amour propre, nous foumettons les idées contenues dans nos Articles VIII & IX, à tous les changements, accroiffements, reftrictions, &c. qu'on jugera convenables.

Nous obferverons feulement que le Magiftrat eft auffi utile que le Soldat : car s'il eft beau de défendre la Patrie contre les ennemis du dehors, il eft beau pareillement de veiller fur les méchants qui fe gliffent dans fon fein. *Force, juftice* font deux attributs du Souverain également effentiels ; il doit maintenir les Sujets dans leurs droits refpectifs, comme l'Etat dans fa puiffance. Donc en regardant le Soldat & le Magiftrat fous un point de vue politique , en considérant leurs fonctions relativement à l'avantage de la constitution civile , ils sont égaux. Mais le Militaire est exposé à de fortes dépenses ; le Magistrat qui reste paisiblement chez lui , peut les éviter.

Lorsque la paie des troupes fut fixée , elle suffisoit à ce que chacun de ceux qui la recevoient , vécût à l'aise : aujourd'hui , quoiqu'elle ait été augmentée , elle est bien loin d'y suffire. La variation des monnoies demande que l'on fasse à chaque époque des observations soigneuses. Du temps de Charlemagne , s'il faut croire M. Bullet , 20 sols équivaloient à ce que sont aujourd'hui 66 livres 8 sols. Dans le temps de Henri IV , 5 sols égaloient environ 17 sols d'à présent : c'est-à-dire , qu'alors on faisoit avec 5 sols , ce qu'on ne peut pas faire de nos jours à moins de 17.

Nous dirons par occasion , que quoiqu'il semble que les journées de travail se paient plus cher à mesure que les consommations augmentent de prix , ou pour m'exprimer en un feul terme que tout ce qui eft relatif au numéraire paroiffe marcher en proportion exacte avec lui ; cependant, à fuppofer les mœurs égales, il doit y avoir plus de Pauvres aujourd'hui qu'il n'y en avoit du temps de CHARLEMAGNE : mais nous faifons grace au Lecteur de cette difcuffion.

(41.)

Note derniere & générale.

Page 167. Nous donnons un titre à cette Note , pour tranquillifer le Lecteur ; car il y a affez longtemps que nous le promenons fans pitié d'un objet à l'autre : mais nous avons écrit *Note derniere* , encore un mot & nous finiffons.

Nous commencerons d'abord par un *Appendix* néceffaire à notre Note 10 ; enfuite nous préfenterons quelques obfervations ifolées qui n'auroient pu être placées dans le courant de notre ouvrage, fans nuire à la clarté & à la précifion que nous avons tâché d'y mettre. Patience, AMI LECTEUR , je le répete : encore un effort, & nous fommes au bout.   Y iij

Tandis que nous nous occupions à compoſer cet Ouvrage dans le ſilence de notre cabinet, nous ignorions ce qui ſe paſſoit au dehors : mais en ſortant de notre ſolitude, nous avons remarqué que quelques-unes de nos idées étoient devenues inutiles. Cependant nous ne changeons rien, parceque les objets préſentés les uns pour les autres, ſe communiquent une force mutuelle : nous ne retranchons point ce qui ne peut plus ſervir, dans la crainte de nuire à ce qui peut être bon encore.

Les Papiers Publics avoient appris à toute l'Europe, que Veniſe a ſupprimé *la Redoute*, dans le temps où nous ſemblions indiquer que cet établiſſement étoit vicieux (*a*). Ce premier pas fait, bientôt peut-être il faudra que nous ſupprimions entierement la Note 10. La générofité qu'ont montré les Sénateurs Venitiens dans cette occaſion, peut changer

____

(*a*) *La Redoute* eſt le nom d'une maiſon où l'on tenoit à Veniſe une banque publique de jeu.

la face de cette République. Le commerce ne retournera pas pour cela briller dans fon fein, car on n'eft pas maître de l'attirer malgré lui : mais les mœurs des Citoyens renaîtront, parceque le Souverain en difpofe à fon gré : *Regis ad exemplum, totus componitur orbis.*

Nous avons parlé des plaies d'un Etat, lorfqu'on s'occupoit des moyens de les guérir. Peut-être le peu de bon qui eft dans notre ouvrage, aura de même été prévenu : à la bonne heure. Quant à nos erreurs, nous defirons bien fincérement que notre façon de les préfenter ne féduife point ; car nous fouhaitons le bonheur général beaucoup par deffus le fuccès de notre livre. Qu'il foit oublié & que le bien fe faffe, voilà notre vœu.

———————

Nous difons un mot, page 167, d'une caiffe d'épargnes deftinées à fubvenir aux dépenfes extraordinaires. Si l'Etat formoit dans les temps de paix une femblable caiffe, il ne faudroit pas y accumuler des fonds morts : le

tréfor d'un Etat, toujours confidérable, nuit
au commerce en obftruant une partie de la
circulation. Il feroit fage d'employer cet argent de maniere qu'il fructifie ; la circulation iroit fon train , & le tréfor s'accroî-
troit (a).

———————

Dans le defir que nous formons de voir
nos concitoyens jouir de toute la liberté civile que le Souverain peut accorder, nous
avons indiqué plufieurs fuppreffions que
nous jugeons néceffaires, & que nous croyons
moralement poffibles : mais il y en a d'autres
dont nous n'avons pas parlé. Par exemple,
nous n'avons rien dit de cette gêne finguliere
qui ne laiffe point les particuliers libres de
faire tranfporter, par qui bon leur femble,
leurs marchandifes, ni leur perfonne. Par-
tout où il y a des meffageries, les Fermiers
de ces établiffements font la loi, car ils ont
l'autorité.

———————

(a) Ne pourroit-on pas employer ces fonds à une
efpece de Lombard ? ce feroit un moyen fûr pour
anéantir la *fcandaleufe ufure.*

En général tous les privileges exclufifs font fâcheux pour le peuple ; cependant il eft des circonftances où , pour l'exaétitude d'un fervice peu cher , l'on eft abfolument contraint d'accorder le privilege exclufif à une compagnie , afin de pouvoir la foumettre à un fervice exaét & uniforme. Les voitures établies de Paris à Verfailles font peut - être les feules du royaume qui foient dans ce cas.

Nous fentons bien qu'après avoir dit qu'il convient d'abolir les privileges , il faudroit indiquer comment l'on peut remplacer le fervice que font ceux qui en font munis , & comment l'on peut rembourfer les fommes qui ont donné lieu aux conceffions (a).

(a) Le fuccès de la plûpart des moyens qu'on pourroit employer pour parvenir aux rembourfements, doivent refter fecrets dans le miniftere ; fans quoi tant de gens ont intérêt de n'être pas rembourfés , qu'on n'y parviendroit jamais. Nous croyons pourtant devoir préfenter , à l'égard des oétrois des Villes , une idée d'imitation qui nous paroît bonne : l'on a établi à Londres une Chambre d'affurance, où moyennant

Cet objet feroit la matiere d'un ouvrage
plus volumineux que celui-ci : où l'on éta-
bliroit avec juftefle la fomme de l'impôt perçu actuellement, & celle que doit produire

---

une certaine fomme chaque année, les Propriétaires
des maifons peuvent les faire affurer contre les incen-
dies, &c. l'Etat eft obligé de réparer à fes frais, les
dégâts qui arrivent à ces maifons mifes fous fa protection. Ce droit, même très modique, ne peut manquer de produire une fomme confidérable ; car l'avantage des Citoyens les difpofe à le payer; & la police eft
alors intéreffée à procurer de prompts fecours, on en
manque dans prefque toutes nos Villes. En abandon-
nant aux Villes le bénéfice de ces établiffements, il
remplaceroit au moins une partie des droits qu'elles
perçoivent fur les denrées. N'ayons pas le ridicule orgueil de ne point adopter ce qui eft bon, parceque
d'autres que nous l'ont penfé. Lorfqu'on veut un bâ-
timent d'une belle ordonnance, fouvent il vaut
mieux faire copier avec exactitude les dimenfions d'un
édifice reconnu beau, que de rifquer d'être trompé
par l'apparence féduifante d'un Projet proprement
lavé.

Beaucoup de voitures publiques pourroient être
remplacées par des charriots de Pofte, qui n'auroient
point de Privilege exclufif;& dont le feul avantage,fur
les autres voitures, feroit la promptitude du fervice.

celui qu'on propofe de percevoir : où l'on
diroit quelle dette l'Etat contracteroit en
aboliffant ce qui eft nuifible : où l'on fixeroit
dans quelles circonftances il feroit poffible
de commencer les changements : où l'on par-
leroit des domaines de la Couronne, de la
dette actuelle, des dépenfes du Gouvernement, des papiers courants , du crédit public, de l'intérêt de l'argent, &c. &c.

Ces détails pourroient donner de la force
à notre opinion ; mais nous avons cru devoir
nous borner & attendre. Par la fuite, fi cela
devient néceffaire , nous parlerons de tous
ces objets ; nous préfenterons, avec l'étendue
fuffifante , l'influence que ce que nous propofons , nous paroît avoir fur le fifc , fur les
citoyens, fur les mœurs. Nous mettrons en
parallele les Colonies avec la Métropole :
car les Colonies font partie de l'Etat, & les
fubfides qu'on peut en tirer font partie de la
richeffe du fifc ; de même que les dépenfes
qu'elles lui occafionnent , font partie des
charges de la nation.

Les fuppreffions ôtent à plufieurs citoyens un état qui les faifoit fubfifter : il convient d'y avoir égard. Une partie de ceux auxquels nuiroit l'adminiftration nouvelle, font riches ou bien ont de quoi vivre ; ceux-là ne doivent pas inquiéter D'autres fe trouveroient tout naturellement placés dans les douanes frontieres, où l'on auroit foin d'employer de préférence ceux dont la probité feroit le plus généralement reconnue. Quant aux autres, on leur feroit des penfions alimentaires, ou on leur donneroit des terres en friches appartenantes au domaine, avec les encouragements & les fecours néceffaires pour la culture, moyennant un droit de vaffalité, une redevance annuelle. Nous avons dit la maniere dont il convient de faire ces engagements dans la note 14.

La note 9. traite des emprunts que le Gouvernement contracte : ceux des Communautés & des villes font auffi fâcheux. Ils

ont, par les intérêts, une influence inextin-
guible, & vont, toujours accablant, de génération en génération.

Nous vivons dans la crise fâcheuse : nous
sommes la génération accablée outre mesure : il faut payer nos erreurs & celles de
nos ancêtres ; le fardeau est lourd, mais qu'y
faire ? Nous devons être généreux ; acheter à
quelque prix que ce soit la félicité des races
futures : les bénédictions de nos enfants seront notre récompense. Hommes, écoutons
l'homme : mortel, il aspire à vivre encore,
lorsqu'il n'est plus ; le plaisir le plus sensible
qu'il puisse éprouver tandis qu'il existe, c'est
l'espoir des éloges de la postérité.

Après avoir demandé au Souverain tant
de soulagements pour les Sujets, il reste à en
demander aux Sujets eux-mêmes pour leurs
freres ; sans doute il reste aussi à réchauffer les
cœurs pour la vertu. Quoique le germe des
mœurs ne soit point étouffé, le ranimer n'est
pas l'affaire d'un jour, ni d'une force ordi-

naire ; & toute notre puiſſance, à nous, ne s'étend pas au-delà du ſouhait qu'ils renaiſ-ſent. L'on a bientôt dit que les mœurs ſont belles ; pour le perſuader, il faut une autre voix que la nôtre.

Dans le temps où *je penſois ſur paroles*, je me plaignois moi-même d'être arrivé ſi tard dans le monde, je me croyois né dans un ſiecle où la vertu étoit impoſſible. Les yeux plus ouverts depuis, j'ai vu qu'il n'eſt point néceſſaire de retourner en arriere, qu'on peut être vertueux où nous ſommes, que ſans être nos ancêtres, il eſt poſſible d'avoir de bonnes mœurs.

La Nature a gravé dans tous les cœurs les principes ſacrés de morale. Quelquefois le nuage trompeur de *l'apparence* prend leur place & les obſcurcit. Si ce nuage ſéduit l'homme, ſi la raiſon s'en contente, alors les mœurs ſont attiédies, mais ne ſont point éteintes ; le premier coup de vent peut rame-ner la ſérénité.

Tous les Ordres de l'Etat doivent concou-rir à cet heureux effet. Les Sujets qui, après le Souverain, ont des droits, doivent à son exemple, en abandonner une partie : ils éprouveront alors cette joie si pure que produit *la fraternité*. N'en doutons point, *la fraternité* peut exister au centre de l'inégalité des fortunes & des conditions.

L'instant où nous vivons, est l'instant où triomphent les *apparences* : l'homme prend volontiers le change ; il nomme *bien*, ce qui n'est que son fantôme ; assoupi dans son erreur, la dépravation s'accroît autour de lui sans qu'il s'en doute ; souvent il est lui-même son agent fidele, lorsqu'il pense la foudroyer. Des actes de vertu, dont autrefois une grande ame se fût honorée, ont été insensiblement regardés comme des capitaux qui doivent produire une rente fixe. Alors le Médecin n'a plus accordé qu'à regret des secours au misérable ; l'homme de loi a repoussé l'indigent ; & l'on a transporté à la hâte le cadavre d'un infortuné, dont l'héritage n'est pas suffisant pour engager … d'autres hommes comme lui, à feindre du moins que leur cœur est pénétré.

Mortel , fuis ce convoi funebre .... c'eſt
un mortel auſſi .... il n'eſt plus.... l'humanité paroît nue ; apprends .... C'eſt ton ſemblable que tu deſcends dans la tombe ; comment oſes-tu dire : *demain j'irai chercher mon
ſalaire.* Le Temps leve ſa main terrible , ton
ſucceſſeur eſt déſigné : crois-moi , ne forme
plus de projets , ou forme - les pour autrui ,
ſi tu ſouhaites leur ſuccès.

Nunc vade viator.

Fin des Notes.

TABLE SOMMAIRE.

AVANT-PROPOS.

L'on y parle des caufes qui ont rendu difficile la perception de l'Impôt. — L'on offre un Tableau fuccint de ce qui rend la Société effentielle à l'homme, & de ce qui peut contribuer à la confolider. — L'on indique les principes dans lefquels on doit impofer. — Enfin l'on prend l'avance à l'égard de quelques obfervations que l'on pourroit bien faire après avoir lu l'Ouvrage.   **Page iij**

Z

Section II.

Section III.

Cette Section doit être lue ſans préjugés,
avec des yeux plus philoſophes que Financiers. L'on y établit un principe diamétrale-
ment oppoſé à celui du grand nombre. Nous
indiquerons vaguement les diviſions de cette

S E C T I O N IV.

SECTION V.

N o t e s.

Avertiffement des Notes.　169

1 L'Impôt par tête eft en partie une taxe fur
les denrées.

2 Sur le droit d'affranchiffement des Domeftiques, felon le plan d'impofition économique.

3 Taxe des Fermiers, felon le plan d'impofition économique.

4 Impofition des Etrangers.

5 Un Economifte fe répond lui-même. —
faut-il, ne faut-il pas impofer les denrées?

6 Obfervations fur la Dîme royale.

7 Inconvénient particulier de la taxe fur les
charrues.

8 Additon à la comparaifon de deux individus impofés felon le Plan de M. Richard,
leurs fortunes étant de nature différente.

37 Le Clergé. — Toujours soumis aux charges publiques.

38 Les Hôpitaux. — Bons & mauvais. —
Fondation néceſſaire.

39 L'éducation. — L'inſtruction. — L'étude.

40 Exemptions politiques. — Du Magiſtrat
& du Soldat. — Aviliſſement des monnoies.

Note derniere & générale.

41 Addition à la Note 10. — D'une caiſſe
d'épargnes formée par l'Etat. — Privileges
excluſifs. — Rembourſements. — Néceſſité d'un autre ouvrage, pour ſervir de ſuite
à celui-ci. — Des Citoyens lézés par les
ſuppreſſions. — Des emprunts des Communautés & des Villes. — Il n'eſt pas facile
de faire revivre les mœurs, mais il eſt important qu'ils revivent. — Nous pouvons
être vertueux où nous ſommes — Danger
de la ſéduction des apparences.

F I N.

E R R A T A.

Page 67, ligne 5, s'il vrai, *lisez* s'il est vrai.

88, ligne 22, j'eus pu, *lisez* j'eusse pu.

99, ligne 1, jugea, *lisez* jugeât.

113, ligne 9, trouva, *lisez* trouvât.

137, ligne 7, reverrons, *lisez* révérons.

175, ligne 14, fusse, *lisez* fût-ce.

188, ligne 6, allât, *lisez* alla.

199, ligne 3, d'avoir, *lisez* avoir.

219, ligne 8, en trois, *ajoutez* bandes.

231, ligne 18, loués, ne, *lisez* loués, il ne

234, ligne 5, jusqu'à sur, *lisez* jusque sur.

239, ligne 19, intentien, *lisez* intention.

240, ligne 13, Domestitiques, *lisez* Domestiques.

269, ligne 4, aux malheureux, *lisez* au malheureux,

306, ligne 2, souveraineté, *lisez* souverainetés